Fortunato Scaramuzzino

I0421428

Nel cuore di Montaigne:

Una lezione di saggezza

ISBN 978-0-244-33400-0

CAPITOLO I

Montaigne, un nobile famoso autore dei Saggi - L'arte di Vivere, consigli per una vita esemplare - L'adolescenza e l'ossessione della morte – L'incidente a cavallo – Una biblioteca ricca di libri.

Il XXI secolo è il secolo della comunicazione: radio, Tv, giornali, ma soprattutto internet, sono strumenti privilegiati di conoscenza e informazione. Grazie ad essi esploriamo il mondo come navigatori avventurosi, comodamente seduti sulla poltrona di casa. È sufficiente guardare lo schermo di un computer, per vedere apparire migliaia di profili di individui che cercano informazioni, che vogliono condividere esperienze: c'è chi desidera incontrare l'anima gemella, chi vorrebbe incontrare un amico, ma ci sono anche i vanitosi che non finirebbero mai di parlare di sé, come se il proprio io fosse la cosa più importante al mondo. Queste persone non sono mediocri o superficiali, come di solito erroneamente si crede, al contrario sono i più colti e sensibili e usano la rete per mettere a nudo il proprio cuore. Forse nessuna altra generazione nella storia è stata così sincera nel proporsi, raccontando la "verità" della propria vita in modo perfino spudorato. Alcuni ottimisti, forse ignorando i pericoli del web, invitano le persone a parlare di sé e dell'insegnamento che traggono dalle loro esperienze. La reciprocità di queste confidenze è il mezzo migliore per incoraggiare la cooperazione tra persone "mostrando" una verità spesso oscurata dai pregiudizi e così, l'idea di raccontarsi offre agli altri uno specchio in cui rifletersi. Questa possibilità di narrare le proprie esperienze rivelando i fatti più intimi in modo coraggioso non è solo un fenomeno del nostro tempo, vi sono stati filosofi e letterati che tra i primi l'hanno utilizzata nella loro opera: uno tra questi è Montaigne, un nobile vissuto in Francia tra il 1533 e il 1592. Egli ereditò dal padre delle terre che coltivò senza entusiasmo. Proprio il padre (Pierre) si era arricchito con la vendita del vino e delle aringhe salate. Montaigne non aveva la stessa passione, detestava il commercio e il lavoro manuale come pure ogni attività che avesse come scopo il solo guadagno. Fortunatamente ebbe molto successo come politico e diplomatico alla corte dei re di Francia; riuscì infatti a conquistare un posto come giudice al parlamento di Bordeaux e a diventare sindaco della stessa città. Ma neppure questi incarichi prestigiosi e ricchi di soddisfazioni lo entusiasmarono, come invece riuscì la sua attività di scrittore. La sua fama imperitura è legata ad una opera letteraria: "I Saggi". Sono 107 e tutti recano un titolo molto semplice:

- Dell' Amicizia

- Dei Cannibali

- Dell'uso di vestirsi …

Di questi alcuni sono molto brevi, altri più lunghi. Nei suoi saggi, lo scrittore, partendo dalla propria esistenza si pone degli interrogativi sulla propria vita e su quella dei suoi simili. Ma uno solo era per lui l'interrogativo più importante: "Come vivere?"!

Una domanda ben diversa dall'interrogativo etico: <<come dovremmo vivere>>.

Montaigne non era indifferente alle norme morali, ma molto più interessato a ciò che la gente faceva rispetto a quello che avrebbe dovuto fare. Voleva imparare a vivere una vita degna, onesta e onorevole, ma anche "ricca" e felice. Questi interrogativi lo avvicinarono agli scrittori classici che preferiva ai suoi contemporanei. Elesse la Roma antica come guida spirituale per la propria vita e modello "ideale" da seguire.

Come Vivere!? Per lui questa era la domanda di ogni giorno:

- come vivere con la paura della malattia e della morte;

- come consolarsi della perdita di un amico o familiare;

- come evitare di litigare con la propria moglie;

- come essere vicino e consolare un amico che soffre terribilmente e sta per morire.

- cosa significa sentirsi pigri, coraggiosi o indecisi oppure sfuggire a una paura opprimente

Da quando Montaigne iniziò i saggi, e fino alla morte che concluse la sua opera, trascorsero 20 anni.

Ma chi era veramente Montaigne?

"Montaigne è tutti noi" direbbe qualcuno, perché, ciò che ha detto, scritto, pensato, riflette in gran parte l'agire umano. Non c'è un solo Montaigne ma ve ne sono diversi, perché i saggi non sono solo la cronaca fedele della sua vita, ma lo specchio dei cambiamenti della sua personalità e dei suoi comportamenti nei rapporti con gli altri. Il giovane Montaigne non era così amabile e disponibile come invece lo sarebbe diventato, al contrario, se insultato si mostrava impulsivo e rissoso: bastava un nonnulla per farlo reagire in modo deciso verso chiunque avesse avuto l'imprudenza di provocarlo per poi vedersi trattato a male parole o addirittura aggredito da questo giovane focoso e ancora immaturo; un ritratto ben diverso dell'uomo calmo e imperturbabile che non cede alle provocazioni che ci è stato tramandato. I suoi saggi sono interessanti perché riflettono interamente la condizione umana. Qui non incontriamo il tipo ideale ma l'uomo vero; l'individuo ordinario con i suoi difetti e le sue virtù. Ecco perché Montaigne è uno scrittore così affascinante e la sua opera così ricca di insegnamenti. Egli non ci offre esempi astratti ma ci presenta la vita dell'uomo nella sua concretezza.

Montaigne non si considerava un maestro, non aveva una causa da difendere morale o religiosa, né un fine particolare. Chiunque della sua opera può farne ciò che preferisce, secondo i suoi gusti e le sue inclinazioni.

L'adolescenza di Montaigne non era stata felice, precoce estimatore della letteratura latina ne rimase profondamente influenzato, amava soprattutto i filosofi classici, ma ahimè, nelle loro opere si parlava troppo spesso della morte e così la paura di essa prese possesso di lui ed egli non riusciva a liberarsene. Il suo umore era cupo e i compagni vedendolo solo e triste si chiedevano cosa avesse e si stupivano della sua malinconia. Ma quando anni dopo, lo scrittore, ebbe la sventura di perdere un caro amico contagiato dalla peste, La Boétie, e un fratello colpito alla testa durante un gioco chiamato "jeu de paumme" (un antenato dell'odierno gioco del tennis) avrà ripensato a quel giovane che avendo lasciato una festa e accusato un malore era morto prima che ai compagni fosse passata l'ubriachezza. Montaigne si sentiva prigioniero della morte, ma era solo prigioniero dei suoi cupi pensieri, tentò di liberarsene ma invano. Fino ai 40 anni non ci riuscì, da allora trovò un aiuto nella filosofia stoica: secondo gli stoici, bisogna pensare alla morte per liberarsi dalla paura di essa.

Immaginando quello che potrebbe accaderti, essa non riuscirà a sorprenderti, anzi sapendo che dovrai morire sarai pronto in ogni momento. Montaigne seguì il consiglio alla lettera, ma dalla sua "malattia" non guarì, anzi peggiorò.

Per fortuna col tempo egli riuscirà a liberarsi sia del suo pessimismo che dalla paura della fine. La filosofia in questo caso gli fu di poco aiuto, fu quasi solo merito suo: da quel momento, lo scrittore, imparò ad affrontare le avversità e a cogliere le opportunità che la vita gli offriva godendo delle sue gioie.

Dopo la morte del padre, Montaigne ereditò i beni di famiglia, si trattava di terreni e di un castello dove abitavano i suoi genitori. Aveva 34 anni, ora toccava a lui amministrare le proprietà.

Per gli amici, i servitori e la gente comune egli era il signore con tutti gli onori e i privilegi di una simile posizione, ma anche i disagi e gli inconvenienti di chi è "chiamato" a nuove responsabilità. C'era sempre qualcuno pronto a chiedergli una grazia per la soluzione di un problema o semplicemente per rimproverarlo per il suo disinteresse. Tuttavia Montaigne era così, nulla sembrava appassionarlo a tal punto da suscitargli un particolare desiderio, nulla sembrava turbarlo. Era un uomo "felice", ma per la Francia non era un periodo favorevole.

Le guerre italiche, è vero, si erano concluse con la pace di Cateau-Cambrésis, ma al rientro in Francia, i soldati dei suoi eserciti rimasti senza impiego e senza denaro compivano razzie a danno dei contadini e dei proprietari terrieri danneggiando i raccolti. Sarebbe stato un shock per chiunque vederli spuntare all'improvviso tra gli alberi di una foresta, essere aggrediti, spogliati dei propri beni e poi guardarli dileguarsi nella macchia senza poter far nulla. Molti erano preoccupati e la tensione era palpabile quasi ovunque. Tuttavia Montaigne era ottimista nonostante tutto, per lui, ogni cosa sembrava andare per il meglio, ma la vita ancora gli riserverà delle sorprese...

Dall'età di 24 anni divenne membro del parlamento bordolese. Quando ne sentiva il bisogno, per sfuggire a richieste troppo assillanti o per liberarsi dai "parassiti" che erano intorno a lui, poteva sellare il cavallo, montarvi su e recarsi a lavoro dai colleghi magistrati, era un'ottima idea anche per ispezionare i vigneti o recarsi dai vicini e stabilire delle fruttuose relazioni. In una di queste occasioni egli cavalcava piacevolmente insieme ai suoi uomini in un bosco non molto lontano dalla sua proprietà, ignaro di ciò che lo aspettava. Quel giorno non vestiva con particolare eleganza, ma quel che è peggio non aveva addosso nessuna protezione, né un elmo né una corazza; aveva con sé solo la sua inseparabile spada: un nobile non poteva rinunciarvi neppure se avesse voluto, questa era la regola. I pericoli erano in agguato a quell'epoca e un bosco permetteva a dei malviventi di nascondersi facilmente e di aggredire al momento opportuno. Tutto avvenne all'improvviso. Montaigne fu colpito alle spalle con violenza e sbalzato a terra insieme al cavallo. La sua prima impressione fu di essere stato colpito da un colpo d'archibugio ma non c'era stato alcuno sparo. Era stato, invece, un servo sciocco che per esibirsi aveva lanciato il suo cavallo al galoppo ignorando il suo signore che lo procedeva lungo il sentiero troppo stretto che non permetteva di passargli accanto. Montaigne esanime a terra e colpito al capo sembrava morto, ma era solo svenuto. Tutto era avvenuto in modo fulmineo e sorprendente lasciando sconcertata e incapace di reagire la compagnia dello scrittore. Fu solo un momento di sbandamento, in un istante i servi balzarono a terra e comprensibilmente angosciati e in preda al panico si chinarono su di lui toccandolo per vedere se reagisse. Per fortuna il suo cuore batteva ancora, ma il loro signore non respirava normalmente, ansimava affannosamente perché aveva fame d'aria, evidentemente aveva ricevuto anche un colpo al torace e così violento da provocargli una emorragia ai polmoni. Quasi certamente una certa quantità di sangue aveva invaso l'albero respiratorio ostacolando il regolare funzionamento dell'attività respiratoria. Ecco il perché del suo respiro sibilante e disperato. Montaigne restò a terra tra gli sguardi terrorizzati dei suoi uomini che non sapendo cosa altro fare lo caricarono sulle spalle per portarlo a casa. Forse sarebbe stato meglio soccorrere l'infortunato lasciandolo a terra e prestandogli con maggiore comodità le cure di cui aveva bisogno. I servi non lo fecero e lo adagiarono sulle loro spalle nella posizione più faticosa. Mentre lo scrittore riprendeva coscienza, sia pure con difficoltà, cominciò a tossire vomitando sangue; una fortuna per Montaigne: questa reazione fisiologica fu un prezioso meccanismo di compenso che permise al coagulo di essere espulso dai polmoni ripulendoli e liberandoli dai grumi e favorendo a poco a poco la normale attività respiratoria. I soccorritori gli raddrizzarono la schiena ma senza ottenere apprezzabili risultati per la sua salute. Potevano ancora una volta riadagiarlo a terra tentando di rianimarlo con i pochi mezzi messi a disposizione dalla medicina dell'epoca, invece la servitù angosciata da ciò che era accaduto (Montaigne sembrava spacciato!) pensò bene di affrettarsi verso il castello, forse riteneva che una volta giunti a destinazione, un dottore molto più capace e esperto di loro gli avrebbe prestato le cure di cui aveva bisogno riuscendo finalmente a farlo rinvenire. Mentre gli uomini continuavano ad avvicinarsi alla residenza lui non migliorava, aveva la vista annebbiata e i suoi vestiti erano inzuppati di sangue. Svenne nuovamente e in stato di incoscienza e in preda ad una agitazione furiosa, cercò di strapparsi gli abiti che indossava. Si toccava lo stomaco come per liberarsi da un peso opprimente. Forse una certa quantità di sangue era scesa nella cavità gastrica provocando altri danni, ma stranamente dentro di sé Montaigne era in pace. Al suo arrivo i familiari lo accolsero con grida di dolore, ma nonostante la gravità del suo stato egli ebbe la lucidità di reagire e vedendo la moglie che barcollava andandogli incontro ordinò con voce flebile e quasi incomprensibile che fosse messa su un cavallo e riportata indietro. Sembrano le parole di un uomo lucido, ma non era così, l'impressione era invece che la sua mente fosse altrove e non lì dove era il suo corpo che penava in preda al dolore. La vita e Montaigne stavano per lasciarsi, senza rimpianti dall'una e dall'altra parte: come due ospiti che partecipano a un convegno, ma sono troppo burberi per scambiarsi gli auguri e darsi confidenza. Montaigne fu portato dentro e fatto riposare su un giaciglio, rimanendo sospeso tra la vita e la morte. In quei momenti convulsi nella stanza affollata dai familiari, dai servi e da tutti quelli che gli volevano bene, qualcuno l'avrà toccato come per infondergli nuovamente la vita che sembrava abbandonarlo. Quando, tempo dopo, riacquistò un po' di lucidità e di salute, disse loro che dopo essere stato adagiato sul suo letto gli sembrava come fosse su un tappeto e cullato dolcemente. Non sentiva le mani dei servi sul suo corpo e neppure forse le voci di coloro che erano accanto a lui, perché, aggiunse, in quel momento egli pensava solo a sé stesso e non si sentiva minimamente toccato dalle preoccupazioni di chi gli voleva bene ed era in ansia per la sua sorte. Debole e stanco voleva solo riposare pensando di non avere nessuna speranza di guarigione: e allora a che cosa potevano servire le cure? Non era meglio una morte dolce, piuttosto che una vita di sofferenza? Era quello che aveva sempre desiderato, non poteva chiedere di più al destino. Sarebbe stata una morte felice così come aveva sognato, adesso ella era una amabile compagna e non più quella presenza terrorizzante che aveva sempre temuto. Per fortuna Montaigne non morì, ma da quella esperienza drammatica avrebbe tratto l'insegnamento più profondo e più utile, da quel momento sarebbe diventato coraggioso, perché morire è come addormentarsi. Tutto avviene dolcemente, gli altri ti parlano come per strapparti alla morte, ma loro voce è solo un sussurro che si ode appena. Ogni esistenza è appesa a un filo che può spezzarsi in ogni momento, ma quando una vita sta per finire l'importante è soffrire il meno possibile. La caduta da cavallo aveva causato a Montaigne ferite e contusioni. I dolori, quasi spariti quando egli era svenuto e incosciente, erano ricomparsi ed erano forti, specie di notte. Ma quel che è peggio, il trauma alla testa gli aveva procurato una perdita di memoria; cercò di ricostruire ciò che era accaduto con l'aiuto dei testimoni ma invano. Finché improvvisamente e da solo ebbe una illuminazione e ricordò tutto fin nei minimi particolari. Fu una vera rinascita che per sua sfortuna si rivelò altrettanto traumatica quanto l'incidente: la morte lo aveva solo sfiorato e ora la vita penetrava in lui con la forza sconvolgente dei ricordi. Il suo approssimarsi alla fine stranamente gli aveva fatto dono di una felicità inaspettata: quale migliore occasione, ora che era riuscito a salvarsi, per infondere dentro di sé, ciò che aveva provato in qui dolci momenti. Non è forse meglio non prendersi sul serio e vivere con leggerezza la vita approfittando di ciò che abbiamo senza lamentarci? Ma soprattutto non aver paura quando la nostra fine sembra avvicinarsi? Come possiamo essere sicuri che la morte voglia veramente possederci? Anche Montaigne pensava che fosse arrivata la sua fine, ma riuscì a sopravvivere e da quel momento si convinse che la propria esistenza sarebbe stata molto più interessante, degna di essere vissuta e studiata con attenzione, rispetto a un pericolo che sta per annientarci. Da ciò che gli era successo aveva tratto un insegnamento che forse valeva solo per la sua persona, anche se era disponibile a trasmetterlo a chiunque lo avesse richiesto. Questa drammatica esperienza non solo non riuscì a farlo cadere nella disperazione, ma addirittura fu per lui una vera rinascita ed egli non mancò di sottolinearlo. Voleva forse farci capire che non dobbiamo scoraggiarci e, anche quando sembra che la morte stia per portarci via, dobbiamo amare la vita?

Montaigne iniziò a lavorare ai Saggi verso il 1572; fino a quel momento era membro al parlamento bordolese nonché amministratore delle sue terre. Nel 1570 vendette la carica pubblica, forse deluso dal lavoro in sé, o più probabilmente disgustato dalla politica. Egli aspirava ad un posto importante presso la camera alta, ma non gli fu concesso forse perché qualche rivale politico coltivava la sua stessa aspirazione ed era ora deciso a contrastarlo con ogni mezzo.

Evidentemente, per il suo antagonista, una promozione di così grande interesse era una occasione troppo importante e troppo ghiotta per rinunciarvi. Stranamente Montaigne, con un atteggiamento di totale disinteresse, rafforzato anche dalla sua proverbiale pigrizia, rinunciò a ogni ambizione personale come se la cosa non lo riguardasse minimamente. Poteva pur sempre ricorrere presso la stessa camera alta, ma non lo fece per motivi che ignoriamo, lasciando cadere nel nulla questa sua prestigiosa opportunità. Montaigne aveva 37 anni per 13 aveva prestato servizio al parlamento bordolese; poteva scegliere se continuare o no; preferì lasciare ogni incarico pubblico anche se importante come quello di cui aveva l'onore di rappresentare. Si dedicò, invece, e malvolentieri, alla cura delle sue proprietà ed in modo entusiasta ai suoi studi. Il padre Pierre vedendolo così pigro quando doveva occuparsi di lavori agricoli e così attento alla lettura dei classici, gli mise in mano un testo teologico da tradurre (l'autore era Raymond De Sebond), si trattava di un volume di molte pagine, un mattone indigesto che richiedeva un lavoro faticoso. Montaigne invece ci riuscì. Ritiratosi dalla vita pubblica Montaigne si sistemò nel castello di famiglia ereditato dal padre Pierre. Il maniero era diviso in due torri una per sé e un'altra per la moglie. La torre in cui abitava Montaigne era divisa in 4 piani e costruita dal padre a scopo difensivo venne poi utilizzata per usi più pacifici. Pierre, più devoto del figlio, vi aggiunse una cappella votiva. Una scala a chiocciola permetteva di salire ai piani superiori. Proprio in cima vi erano due locali: uno, utilizzato dallo scrittore come camera da letto, l'altro, come biblioteca. I suoi ozi letterari erano interrotti dal suono di una campana che dalla sommità della torre scandiva le ore. Doveva essere un rifugio molto confortevole, se Montaigne, specialmente in inverno, preferiva soggiornarvi tanto a lungo da trascorrere piacevolmente molte ore nonostante la rigidità del clima lo costringesse a cospargere il pavimento di paglia al fine di trovare un conforto nelle lunghe e gelide notti; egli in quel momento si estraniava a tal punto da non pensarci, tanto era immerso nella lettura dei propri libri! Ne aveva mille una quantità eccezionale per l'epoca se pensiamo alla difficoltà di stampa e di distribuzione delle opere. Alcuni di questi, appoggiati su mensole semicircolari fissate al muro, erano regalo di un suo caro amico: La Boétie, gli altri erano stati acquistati. Oggi non c'è traccia né delle mensole né dei libri, chissà se qualche fortunato collezionista li possiede, quanto valgono e soprattutto se possono essere rimessi al loro posto come beni privati ma a beneficio di chiunque volesse andare a visitare la torre. Montaigne, deluso dalla politica, si rifugiava volentieri nella sua biblioteca, a volte portava qualcuno a visitarla ma spesso era solo; essa per lui simboleggiava l'idea stessa di libertà. Nelle stanze in cui Montaigne amava sostare, le pareti furono abbellite con affreschi, ahimè oggi quasi sbiaditi, per il dispiacere di chi si reca a visitare quei locali. Le immagini impresse ritraevano scene mitologiche tratte dal mondo classico da lui molto amato:

-        Venere che piange la morte di Didone

-        Scene di vita agreste

-        Il dio Nettuno

-        etc.

Oltre a questi bei disegni, vi sono inoltre incise citazioni latine e greche che nonostante il tempo trascorso possiamo ancora leggere. Queste le più famose (tradotte ovviamente)

- "La sola certezza è che nulla è certo e nulla è più misero dell'uomo" (Plinio il Vecchio)

- "Non c'è vita più bella dell'uomo spensierato" (attribuita a Sofocle)

Montaigne prese a modello Seneca che consigliava di lasciare tutto per ritrovarsi, anticipando l'ideale del rinascimento; ritirarsi da ogni carica pubblica per scoprire il significato della vita e prepararsi degnamente alla morte. Per Seneca tutto ciò non è senza pericoli: l'ozio e la vita solitaria possono generare quei mali a cui si cerca di sfuggire lavorando. I sintomi di questa malattia sono: la viltà, il disprezzo di sé, l'insoddisfazione e una paralizzante incertezza nelle decisioni, la tristezza e la letargia.

Quando Montaigne si ritirò a vita privata, certamente suscitò più di un rimpianto: era stato sindaco di Bordeaux e si comportò in modo più che onorevole, anche come giudice fu apprezzato, per la sua mitezza, generosità e saggezza verso coloro sottoposti al suo giudizio. Molto spesso era più propenso ad assolvere che a condannare. Egli riteneva giustamente che per pronunciare una sentenza sfavorevole fosse necessario disporre di prove inoppugnabili che solitamente mancavano, allora nel dubbio era meglio esprimersi con un verdetto favorevole all'accusato piuttosto che condannarlo alla prigione o nei casi più gravi alla tortura e alla morte.

Montaigne a un certo punto della propria vita si sottopose a una severa autoanalisi, passando in rassegna la sua scala di valori. Il lavoro era diminuito ma non mancava, ma oziando non si sentiva meglio bensì più triste e più strano. Non era certamente l'ozio un rimedio ai mali della vita. Nuovamente ricorse a Seneca per liberarsi dalla noia, il filosofo consigliava di interessarsi alla natura lasciandosi affascinare dai suoi spettacoli grandiosi a cui di solito non si presta attenzione. Montaigne, però, non seguì il suo consiglio, per lui lo studio dell'uomo è molto più interessante dello studio della natura.

Perché, allora non cominciare da sé stessi?

Tale lavoro esigeva la frequentazione di altri scrittori classici, per esempio Ovidio con le sue narrazioni, le "storie" di Cesare e Tacito, le raccomandazioni di Socrate sul buon vivere. Egli mise tutto per iscritto: le cronache politiche, la giustizia, le curiosità che lo stimolavano. Aveva una buona memoria anche se credeva di esserne quasi privo, nulla lo lasciava indifferente. Inizialmente i Saggi erano destinati a un pubblico ristretto di amici e conoscenti poi egli pensò che la "platea" di potenziali lettori potesse essere molto più vasta e si mise al lavoro per farsi conoscere meglio. Voleva scrivere una raccolta di storie e massime latine ordinate per argomento, molto gradite ai nobili, poi vi rinunciò. Lo scrittore che lo convinse a ricredersi fu Plutarco, autore di brillanti biografie di uomini famosi e brevi testi chiamati "Moralia" e tradotti in francese.

Ecco qualche titolo:

-        "Gli animali possono essere considerati intelligenti?"

-        "Come si ottiene la pace interiore"

Su quest'ultimo punto i due autori avevano una visione comune:

"Non pensate né al passato né al futuro ma fissate con attenzione ciò che cade sotto i vostri occhi"

CAPITOLO II

La famiglia di Montaigne – Il bordolese, terra contesa tra cattolici e protestanti – Guerre religiose nella Spagna del 500- Antoinette arriva in Francia

Il 1572 è l'anno d'inizio dei saggi, del primo libro ed in parte quello del secondo, gli altri seguirono nel 1573 e 1574. Era un lavoro quantitativamente modesto ma di buona qualità, forse acerbo e a cui seguirono altri più maturi ed è forse per questo che all'inizio egli non pensò alla pubblicazione. Ci sarebbe voluto molto impegno nella revisione e correzione dei testi perché il libro potesse essere pubblicato. Passarono così quasi 10 anni, quando il 1° marzo 1580 firmò e datò la prima edizione. Scrivendo i Saggi, Montaigne riandò al giorno dell'incidente a cavallo, la perdita di coscienza dovuta al trauma, le ferite e poi il lento ritorno verso casa, il riposo a letto e la ripresa fino alla guarigione. Egli ricostruì i fatti in modo obiettivo senza farsi condizionare dalle sue preferenze e dalle sue inclinazioni; per lui scrivere di questi fatti era motivo di gioia anche se un impegno faticoso.

Nei Saggi Montaigne ci parla delle virtù familiari (dai propri avi e dai propri genitori egli avrebbe ereditato il dono dell'onestà), ma anche di altre qualità invidiabili. Il bisnonno Ramon si era arricchito commerciando vino e aringhe salate e con i soldi guadagnati aveva acquistato la tenuta su cui sorgeva il castello di famiglia e dove egli era nato il 28 febbraio 1533. La tenuta, oltre alla residenza dello scrittore comprendeva dei terreni agricoli coltivati a vigneto e delle zone incolte comprendenti dei tratti di foresta. Il figlio di Ramon, Grimon (nonno Paterno di Montaigne) fece altri acquisti e dovette dimostrarsi molto abile se sotto la sua gestione il patrimonio di famiglia divenne ancora più ricco. Grimon, poiché la fortuna accumulata glielo permetteva, ad un certo punto smise di commerciare e cominciò a vivere da nobile. Era uno strano desiderio questa smania di nobiltà da parte di una famiglia che fino a quel momento non faceva parte dell'élite privilegiata! Perché la consuetudine per poter accedere al circolo esclusivo dell'aristocrazia era abbastanza chiara: non aver pagato le tasse e non aver praticato attività commerciali per almeno tre generazioni. Il figlio di Grimon, Pierre vi si attenne, ma solo in apparenza: in realtà qualcuno lo sorprese a piantare delle viti, e per quale ragione se non per produrre del vino e venderlo? Il primo ad aver diritto al titolo nobiliare nella famiglia di Montaigne fu proprio il saggista, ma lui di questo non parlò mai volentieri, forse voleva evitare che qualcuno sospettasse che il privilegio della propria posizione sociale era in effetti un'abile conquista dei suoi antenati e dei suoi genitori. Montaigne, purtroppo per lui non era nobile di nascita, ma lo divenne per meriti altrui. Nel tempo di Montaigne non tutta la nobiltà godeva dello stesso prestigio, quella maggiormente stimata era la nobiltà di toga che era tale per l'attribuzione di incarichi civili e politici; la nobiltà di spada, invece era tale per chi possedeva delle proprietà (come la famiglia di Montaigne) ma essa era obbligata a "prestare" i propri uomini per combattere negli eserciti ovunque fosse necessario. I contadini invece erano sull'ultimo gradino della scala sociale; non solo non potevano diventare nobili ma dipendevano dai signori per ogni loro necessità, essi dovevano lavorare per loro dall'alba al tramonto ma non potevano ribellarsi e se qualcuno fosse riuscito a fuggire conquistando la libertà dove poteva andare se non da un altro padrone come servo?!! Per loro non c'era nessuna speranza, dovevano subire e obbedire, schiacciati da una forza invincibile. Anche Montaigne aveva dei servi. Egli prestava loro l'uso del mulino per macinare il grano, del forno per fare il pane, del torchio per il vino. Sembrava possedere tutte le qualità per essere invidiato. Dominava sulle vite dei suoi servi e traeva dalle loro braccia quasi tutta la ricchezza che possedeva, eppure stranamente sembrava lui l'invidioso se ammirava in loro la tranquillità e l'indifferenza verso la morte da cui lui era, invece, terribilmente ossessionato. Chissà che cosa avrebbero pensato di lui se avesse rivelato cosa pensava di loro?

Montaigne era nato al confine tra Bordeaux e il "Perigord", non era un fatto irrilevante, la città era in gran parte cattolica, ma il Perigordino era un territorio protestante. La famiglia Montaigne aveva passato la propria vita sulla linea di confine che divideva due mondi inconciliabili e quindi inevitabilmente nemici.

L'avvento della riforma protestante segna una data precisa: il 1517. Essa ebbe inizio grazie ad un monaco agostiniano: Lutero. Il teologo protestante si scagliava con violenza contro il mercato delle indulgenze: la consuetudine della Chiesa cattolica di cancellare i peccati dietro il pagamento di una somma in denaro. In breve tempo, questo gesto di sfida provocò la ribellione di vaste masse di fedeli contro il potere tirannico della Curia che reagì affermando che Lutero era un ubriacone, poi lo scomunicò. Da quel momento, chiunque avrebbe potuto ucciderlo senza essere incriminato: un chiaro invito ad agire! Ma così il suo prestigio si accrebbe enormemente agli occhi dei protestanti. Egli era divenuto un paladino della libertà contro un'istituzione arretrata e oscurantista. In breve l'incendio divampò e costrinse chiunque, cattolico o protestante a schierarsi dall'una o dall'altra parte, talvolta a rischio della propria vita. Era uno scisma, il più grave nella storia della Chiesa ed ebbe serie conseguenze. La divisione tra cattolici e protestanti non era netta, non seguiva confini di Stato o linee geografiche, interessava quasi tutti i territori europei e in tanti luoghi coinvolse i villaggi e le famiglie. La regione di Montaigne si trovò al centro del conflitto, Bordeaux si schierò con i cattolici, la campagna rurale con i protestanti. Ma ciò che contribuì ancora di più ad esasperare gli odi settari fu l'idea, diffusa prima della riforma, che l'Aquitania non fosse un territorio francese, qui si parlava una lingua diversa rispetto al resto della Francia e questa regione aveva pochi scambi con il nord. Fino al 1451 essa era stata un dominio inglese, dopo questa data fu la Francia a dominare. Gli Aquitani non amavano gli inglesi, ma li preferivano senz'altro ai loro conterranei del nord, e dovevano avere le loro buone ragioni se il comportamento oppressivo ed intollerante dei primi provocava delle frequenti ribellioni che dovevano essere domate con la forza.   A tale scopo i francesi per sedarle costruirono imponenti fortezze come: lo Chateau Trompette e Fort-Louis ed anche per questo che la città di Bordeaux stabilì relazioni diplomatiche con tutti tranne che con i francesi. All'epoca il territorio bordolese era in stretto contatto con la regione protestante della Navarra al confine spagnolo, ma solo con gli inglesi i legami erano solidi: questi apprezzavano i vini bordolesi tra cui il pregiato Chateau d'Yquem, che prendeva il nome (in parte) dalla famiglia Montaigne la quale in realtà portava un doppio cognome: "Eyquem". In seguito, al cognome, venne tolta la "e iniziale e successivamente Montaigne lo eliminò del tutto, forse per non far credere che i suoi brillanti risultati nelle attività diplomatiche e nelle cariche giudiziarie fossero dovute al prestigio familiare. Ma Pierre, il padre di Montaigne era un personaggio veramente importante ed in parte misterioso se si sforzava di nascondere i propri segreti. Se il passato del padre era quantomeno imbarazzante, quello della madre era sicuramente "peccaminoso". Lei si chiamava Antoinette e i suoi avi erano mercanti ebrei giunti in Spagna per sfuggire alle persecuzioni religiose, questi nella loro patria d'origine furono costretti a una conversione forzata al cattolicesimo o ad andarsene. Quelli che arrivarono in Francia speravano in un trattamento migliore di quello riservato nel loro paese natio. Per fortuna la nazione in cui sarebbero stati ospiti ebbe verso di loro un atteggiamento molto più tollerante e accogliente e gli ebrei, forse per ripagarla della sua generosità e per farsi "perdonare" la propria fede religiosa, si convertirono al cattolicesimo. Montaigne accenna a questo episodio nei Saggi facendo sospettare che la frecciata fosse diretta contro la madre, con cui era in disaccordo. Antoinette si sposò giovane ed ebbe due figli ancor prima di Michel che morirono prematuramente. È a lei che il marito Pierre affidò l'incarico della gestione della proprietà, poi cambiò idea, e fu Michel a prendere in mano la leva del comando. Un primo testamento redatto da Pierre stabiliva che il figlio doveva "amare" Antoinette (come se si potesse amare per testamento). Ma i rapporti tra la madre e Michel erano pessimi, le liti frequenti. Per il bene di entrambi uno dei due doveva lasciare il castello. Rimasero insieme sopportandosi fino al 1587 poi Antoinette andò via. Sebbene le disposizioni di Pierre concedessero alla moglie qualche privilegio (aveva il diritto di tenere due domestici al suo servizio e a 100 lire tornesi all'anno per le spese) lei, in cambio di ciò, avrebbe dovuto concedere a Michel un'assoluta libertà nell'amministrare i propri beni. Era quello che Michel desiderava, perché grazie ai benefici concessi alla madre, egli si era finalmente liberato di lei e delle continue ingerenze nella sua vita e nei suoi affari. I rapporti tra loro, già molto freddi, peggiorarono e i contrasti si acuirono. Antoinette nonostante ciò che aveva ereditato non riusciva a darsi pace, forse voleva di più o riteneva semplicemente che il figlio Michel avesse ricevuto troppo e senza merito, o per qualche altro motivo che noi non conosciamo era decisa a vendicarsi e quale migliore occasione per farlo se non indicare come eredi dei propri beni i suoi preferiti e non certo i propri discendenti legittimi?

Il testamento scritto da Antoinette il 19 aprile 1597, a 5 anni dalla morte dello scrittore, è pieno di rancore e di cattiveria (fatto sorprendente per una madre che voleva essere amata ma era incapace d'amare).

Questa donna frustrata ne aveva per tutti, nessuno fra i propri familiari riusciva a sfuggire al suo rancore. Ancora una volta il figlio Michel e la nipote Leonor divennero il suo bersaglio preferito. Infatti con le sue disposizioni testamentarie ella stabilì di non voler essere sepolta nel mausoleo di famiglia e, inoltre, dispose che la nipote Léonor, non avrebbe ricevuto nulla dei suoi beni, neppure un centesimo in più oltre a quelli ricevuti da Montaigne come sua figlia ed erede legittima. Antoinette era inoltre particolarmente risentita perché avrebbe voluto che la sua dote fosse stata impiegata per l'acquisto di altre terre, ma questo non avvenne con suo grande dispiacere. Ella sosteneva di aver lavorato insieme a Pierre per 40 anni e che con la sua abilità e accortezza di avere arricchito tutta la famiglia: un'evidente frecciata contro Michel e Lèonor da lei considerati come dei privilegiati senza merito. Antoinette forse credeva di essere la sola persona virtuosa della famiglia, perché raramente ammetteva i propri errori e i propri difetti. Ma così ci offre il ritratto di una nonna e una madre molto ingenerosa e cattiva se arrivò addirittura a sospettare che qualcuno approfittando della sua vecchiaia potesse contestare il testamento e magari con l'inganno convincerla a modificarlo a favore della nipote.

Per Antoinette, Michel era un pigro, un incapace e poco meno di un parassita. Dai Saggi apprendiamo delle sue scarse attitudini per i lavori di qualunque tipo: se c'era qualcosa da fare Michel incaricava qualcun altro di farla al posto suo. Così pigro e svogliato Michel, così attivo Pierre! Questo è l'elogio di suo padre che Michel ci tramanda nell'opera. Per Antoinette non è così: Pierre era svogliato come Michel, iniziava dei lavori che non era in grado di concludere, tanto erano numerosi e impegnativi, ma aveva il senso del dovere, un po' carente nel figlio e alla prima occasione andrà a combattere per l'onore suo e della Francia; il titolo nobiliare gli imponeva di farlo. Le guerre d'Italia iniziarono nel 1494 e finirono nel 1559 con la pace di Cateau-Cambrésis. La Francia non ebbe vantaggi materiali da queste guerre ma dovette spendere per finanziare i suoi eserciti. Pierre partì per l'Italia verso il 1515 e a parte qualche breve intervallo combatté per 10 anni. All'inizio del 1519 ritornò in Francia per sposarsi.

CAPITOLO III

L'eredità spirituale del rinascimento nella Francia del '500 - La tragedia delle guerre di religione – La nobiltà francese: vizi e virtù - L'infanzia di Montaigne: uno strano esperimento - Come si educa un bambino: i metodi pedagogici nell'età di Montaigne

Il racconto delle guerre combattute dal padre avrà traumatizzato Michel, che, infatti preferì il "mestiere" della penna a quello delle armi. Tra un impegno militare e l'altro i soldati francesi entrarono in contatto con la raffinata civiltà rinascimentale ancora splendida anche se avviata al tramonto. Molte idee innovative che riguardavano l'arte, la scienza, il costume penetrarono così nella società francese arricchendola. Il regno di Francesco I° fu una pausa di relativa tranquillità dopo le guerre italiche, ma quando gli altri sovrani ereditarono il trono la pace finì, costoro non si mostrarono all'altezza del predecessore e abbandonarono gli ideali rinascimentali e così la guerra civile insanguinò la Francia.

I giorni del ritorno in Francia di Pierre erano ancora giorni felici.

Montaigne descrive suo padre come molto piacevole a vedersi e anche se non era molto alto aveva un corpo armonioso e robusto. Quasi certamente erano i suoi esercizi di ginnastica a tenerlo in forma e a renderlo così attraente. La sua destrezza e la sua agilità dovevano essere memorabili: egli prendeva in giro chi non era capace delle sue prestazioni e stupiva chiunque lo vedesse appoggiarsi a un tavolo e con il solo indice sostenere tutto il peso del corpo. Giovane vanitoso ma pieno di talento conquistava le donne con la sua galanteria ma anche con la cura della persona e degli abiti che indossava.

Una volta sposatosi, Pierre si diede alla politica e arrivò molto in alto fino alla carica di sindaco di Bordeaux nel 1554. Questo non fu un periodo felice per la città, l'autorità regia impose una tassa sul sale che dapprima suscitò malcontento poi, col tempo, delle rivolte represse in modo spietato dal sovrano Enrico II. Ma ciò non poteva bastare al vendicativo re, la città bordolese doveva pagare per l'appoggio dato ai rivoltosi anche per quegli abitanti che da innocenti, non avevano preso parte alla ribellione e così il re privò la città dei suoi privilegi suscitando l'opposizione di Pierre che reclamò per essa un comportamento meno duro, ma invano. Egli rimase deluso e amareggiato; aveva cercato di difendere la sua città comportandosi con onore e intavolando un aspro negoziato col sovrano, ma aveva fallito perché questa era stata punita nonostante i suoi eroici sforzi diplomatici. Quale insuccesso umiliante per lui! Secondo alcuni il suo dispiacere fu tale da cagionargli un danno irrimediabile alla salute. Michel lo ricordò, quando anche lui divenne sindaco di Bordeaux, come una persona onesta. Era molto difficile lavorare per il bene comune in quel luogo e in quel periodo. Montaigne, forse anche per questo, si stancò della politica e si ritirò a vita privata dedicandosi ai suoi studi. Pierre come sindaco ebbe idee molto brillanti: istituì una centrale di smistamento in cui far confluire le richieste di acquisto e di vendita di merci, come pure un registro delle attività della sua proprietà terriera in cui annotare i dati essenziali sia finanziari che relativi al modo di coltivare la terra. Voleva insegnare al figlio a fare altrettanto, ma Michel, per un po', seguì il consiglio paterno poi smise di farlo. In seguito confesserà di essere stato uno sciocco a non aver continuato.

Pierre sfortunatamente, come Michel, soffriva di calcoli renali; il figlio lo vide spesso piegarsi in due dal dolore, era un riacutizzarsi dei sintomi della malattia che lo avrebbe portato alla tomba. Allora forse non erano solo la sua imprevidenza e trascuratezza la causa del suo comportamento disordinato nelle attività manuali ma la crescente fragilità del suo corpo minato dalla malattia.

Il 18 giugno 1568 Pierre morì, ma forse presagendo la fine si preoccupò saggiamente di far conoscere le sue volontà agli eredi legittimi: per questo preparò due testamenti, il primo abbastanza critico verso il figlio, il secondo più benevolo. In quest'ultimo egli affidava a Michel la cura dei fratelli e delle sorelle minori. Montaigne accettò questo impegno ma non gli fu agevole onorarlo.

Michel non sapeva usare le mani ma sapeva usare la testa meglio di Pierre. Stranamente il papà amava i libri quanto lui, uomo di modesta cultura e un po' rozzo paragonato al figlio, egli sarebbe stato felice di ricevere a casa qualcuno che gli leggesse i passi più importanti delle opere amate. Molto curioso ma anche abbastanza ingenuo esaltava il sapere ma difettando di capacità critica non riusciva a comprenderne appieno il valore.

Gran parte della nobiltà di inizio '500 reagì a questa rozzezza intellettuale respingendola e sviluppando un amore immenso per la raffinata civiltà italiana: l'aristocrazia francese si considerava figlia delle tenebre alla ricerca di un faro di civiltà. La generazione dei padri aveva instillato nei figli una grande passione per la storia, la filosofia e la letteratura della Roma antica e della Grecia, i figli appresero la lezione sviluppando cultura e intelligenza poi reagirono con ingratitudine al dono generoso dei padri e, quando furono consapevoli della loro superiorità intellettuale, assunsero un atteggiamento arrogante e di altezzoso disprezzo. Alcuni cercarono perfino di rilanciare la tradizione anti- intellettuale di un tempo come se fosse una novità di cui inorgoglirsi.

Gli ideali rinascimentali della bellezza, dell'armonia e della creatività stavano per essere spazzati via dalla riforma protestante e dai vizi intollerabili della Chiesa e della Curia papale. La riforma protestante, che prometteva il rinnovamento per la salvezza dei credenti, come la controparte cattolica, si era trasformata in un'impresa criminale che minacciava la distruzione dell'intera cristianità. I circa 50 anni di vita di Montaigne segnarono un periodo terribile per la Francia, ce ne vollero altri 50 perché essa riuscisse a risollevarsi e forse non ci riuscì mai del tutto. La guerra fratricida impedì al popolo francese di creare un impero coloniale, cosa che riuscì invece alla Spagna e all'Inghilterra. In questa situazione molti nobili fra cui Montaigne scelsero il disimpegno. Egli, un ricco privilegiato, proprietario terriero, poteva vivere di rendita, si dedicò invece ai suoi autori preferiti quali Seneca e Socrate, solo per concludere, paradossalmente, che i veri eredi di questi filosofi erano i poveri contadini che, ignoranti e semplici, erano le persone più felici del mondo. Ma se si può essere felici senza leggere alcun libro o addirittura da analfabeti, quale scopo può avere la lettura? Il ritorno al "culto dell'ignoranza" non era forse un insulto all'orgoglio paterno che voleva far comprendere al figlio l'importanza del sapere? Adesso quest'uomo testardo invece faceva di testa sua!

Purtroppo la tendenza a mettere in discussione qualsiasi certezza o pregiudizio era una peculiarità familiare.

Michel era nato da poco quando fu affidato ad un'umile famiglia di contadini in un villaggio vicino al castello. Per noi moderni è un fatto inusuale, quasi nessuno priverebbe il proprio figlio dell'affetto necessario in un'età molto delicata, sembra, invece, che fosse consueto all'epoca mandare un figlio a bàlia da persone di modesta estrazione sociale. In seguito, Montaigne non rimproverò i propri genitori di averlo fatto, anzi si permise di consigliare a chiunque di farlo con i propri figli. Michel tornò in famiglia all'età di 2 anni secondo alcuni autori, secondo altri ne aveva 7.

Come visse Michel in questo "breve" periodo di tempo?

Pierre ebbe un'idea sorprendente anche per quell'epoca ricca di stranezze, Il figlio avrebbe imparato il latino a casa dei propri genitori adottivi. A questo punto molti lettori avranno una reazione inconsueta e incuriositi si chiederanno: "non è sciocco insegnare ad un bambino una lingua parlata dai romani molti secoli prima e ormai desueta invece della lingua madre?". C'è però da dire che questo idioma in Francia all'epoca godeva di molto prestigio, esso era la cerniera che collegava mondi all'apparenza agli antipodi, cioè quello dell'antichità classica e quello del'500. Il latino era la lingua dei tribunali, della politica e della diplomazia, ma non era solo per questo che era apprezzato, secondo le idee dell'epoca chiunque lo parlasse perfettamente era un "privilegiato", perché parlare bene equivaleva a pensare bene. Pierre, ambizioso e pieno d'affetto verso il figlio "sognava" per lui un grande avvenire, ma insegnare ad un bambino una lingua complicata non era affatto facile, bisognava trovare un maestro e affidargli questo compito delicato. Pierre riuscì a trovarlo, si chiamava Horstanus ed era tedesco. Ma ci si chiede, quest'uomo, oltre alla propria lingua e al latino conosceva quella di Pierre e del figlio per poter conversare con loro? Non era così, era una situazione ridicola! Pierre doveva dire a Horstanus di occuparsi del bambino cominciando ad insegnargli le prime nozioni e poi accompagnarlo dai genitori adottivi ma come poteva dirglielo se quest'ultimo non conosceva e non capiva il francese e Pierre non parlava il tedesco?

Comunque dopo molti sforzi riuscì a far capire al maestro ciò che voleva e Horstanus molto intelligente a comprenderlo. Ma non era questa la sola stranezza, perché una volta giunti presso la coppia adottiva Pierre vietò a tutti di rivolgersi al bambino parlando in francese o in dialetto perigordino. Un chiaro invito a tacere condannando quasi chiunque a un silenzio ostinato. Il padre di Michel era davvero bizzarro, ma non sciocco, egli si rendeva conto che parlare al figlio in due lingue diverse gli avrebbe creato confusione impedendogli di apprendere in modo efficace. Non sappiamo di preciso cosa sia accaduto nella casa dei genitori adottivi fino al ritorno di Horstanus e Micheau (soprannome scherzoso di Michel) nella casa natia. Ma quando il bambino fu nuovamente fra le mura domestiche e gli affetti familiari Pierre si rese conto che il figlio riusciva a padroneggiare una lingua difficile come il latino. Era diventato bravissimo, ma il papà la ignorava quasi del tutto. Non riusciva a parlare con il piccolo né a capire cosa dicesse. Forse solo allora si rese conto che se avesse voluto conversare con Micheau il latino doveva imparalo lui, ma di questa lingua aveva solo un'infarinatura e nulla più. Allora si mise a studiarla, ma quasi certamente i suoi sforzi per apprenderla saranno stati penosi e il risultato assai deludente. Per fortuna, a volte, il buon senso prevale e Pierre, consapevole, anche delle sue difficoltà si rese conto che proibire a chiunque di parlare a

Micheau in francese o in dialetto perigordino era assurdo, e di fatto, destinato all'insuccesso. Dovette essere una liberazione quando i graditi ospiti di casa Montaigne poterono parlare a Michel nella sola lingua che conoscevano, la propria. Da questo momento egli poteva ascoltare la lingua francese e nessun'altra, è ovvio che col tempo l'abbia imparata conversando con loro; era troppo intelligente per fallire! Ma ahimè, il fatto che nessuno si rivolgesse più a lui parlandogli in latino, non poteva rimanere senza conseguenze, a poco a poco lo stava dimenticando. Quando raggiunse l'età giovanile, il suo livello di conoscenza si era abbassato tanto che un nobile qualsiasi lo parlava come lui, quindi non particolarmente bene. Il povero Horstanus, ormai inutile, venne certamente licenziato.

La lettura dei classici greci e latini resero Montaigne consapevole della propria cultura ma anche molto ambizioso. Si sentiva superiore a tutti gli altri ma solo perché la sua vita solitaria gli impediva di confrontarsi con chiunque, veniva così a mancare ogni metro di paragone per giudicare il suo valore. In un passo dei Saggi egli si <<rimprovera la sua stolta vanità>> e certamente si sarà pentito della sua arroganza.

Montaigne scrisse i Saggi in francese ma non riusciva più a scrivere bene in latino, per questo c'è chi lo accusò di essere uno zoticone e un indisciplinato, un'accusa assurda se pensiamo che per padroneggiare una lingua bisogna dedicarle molto tempo e forse Montaigne aveva altro da fare o semplicemente si fece vincere dalla sua proverbiale pigrizia. C'è però da notare una cosa, la lingua latina si poteva imparare quasi soltanto leggendo dai libri mentre conversare in questo idioma doveva essere un fatto molto raro, il francese al contrario si poteva apprendere non solo leggendo ma anche ascoltando e parlando in quanto la lingua madre di tutti i francesi (ed è ovvio che fosse questa ad essere parlata con maggiore frequenza). Ma non è questa la scusa con cui Montaigne si giustificò per aver scritto in francese al posto del latino, ricorse invece ad una strana giustificazione: affermò che la lingua francese era imperfetta e perciò destinata all'oblio come l'autore dei Saggi.

Montaigne si mostrava molto contento del trattamento ricevuto nella sua infanzia, a una donna che chiedeva quale tipo di educazione fosse da preferire per i bambini in tenera età egli rispondeva che era meglio affidarsi a un precettore. Le madri, infatti, si preoccupano continuamente dei piccoli, forse troppo per non generare paura, ansia e insicurezza nel bambino. L'istinto materno che vorrebbe proteggerlo da ogni pericolo in realtà è la sua rovina. Un maestro è meglio di una madre ma per carità niente punizioni corporali, sgridate o rimproveri! Imparare dovrebbe essere piacevole e l'educazione sorridente e gentile. Ma la scuola non educa bene: spesso entrando in classe si sentono grida di maestri in preda all'ira e allievi costretti a subire senza potersi ribellare. Si capisce che, a volte, non si abbia alcuna voglia di studiare. I libri possono essere ottimi ma non bastano. In qualche circostanza è meglio sperimentare piuttosto che seguire alla lettera ciò che è stampato sui testi. La danza si impara ballando, il liuto si impara suonando.

Una buona pratica è più efficace della teoria, a ogni bambino dovrebbe essere permesso di accettare o rifiutare qualsiasi proposta. Dunque nessun insegnamento inculcato con violenza e che susciti paura e soggezione! La sola autorità non basta, senza stima e fiducia reciproca. Viaggiare è utile, socializzare altrettanto perché rende il bambino incline alla collaborazione. Non bisogna, però essere troppo diversi dagli altri e se c'è qualcosa di sbagliato nel proprio carattere e comportamento, bisogna sforzarsi di cambiare per essere compresi e accettati. I giovani sono abbastanza flessibili, per loro dovrebbe essere più facile adattarsi, ma non quando sono gli altri ad importi il loro volere. Pierre voleva che Michel fosse come lui desiderava, ma Michel era testardo, ribelle e disobbediente; possiamo solo sperare che i nostri figli ci somiglino ma non possiamo costringerli a diventare come noi.

CAPITOLO IV

Montaigne va a scuola – La tassa sul sale e la dura repressione - La cultura classica, l'inizio di un amore: Plutarco e gli altri autori – Le virtù rinascimentali – Montaigne, un seduttore di bassa statura

Micheau fu iscritto al collegio della Guienna nel 1539 all'età di sei anni e vi rimase 10 anni.

Il collegio era un'ottima scuola (per l'epoca) ma il suo insegnamento si basava troppo sulla memoria. Purtroppo per gli studenti le lezioni venivano svolte in latino, un ostacolo difficile per loro che non conoscevano la lingua, ma non per Montaigne. È vero che dai due anni, l'età in cui Micheau era ritornato a casa dai suoi genitori naturali, non si era quasi più esercitato, ma a differenza dei propri compagni non partiva da zero, questo non poteva che avvantaggiarlo; quando i maestri avessero cominciato le loro lezioni si sarebbero accorti del suo notevole livello di conoscenza paragonato al resto della classe. Di mattina si studiava Cicerone, un autore poco amato da Micheau, il pomeriggio, grammatica latina, di sera i testi erano letti ad alta voce mentre l'insegnante dettava l'analisi grammaticale che gli studenti dovevano memorizzare e ripetere a sua richiesta. Naturalmente Micheau riuscì a essere promosso alle classi successive, era troppo intelligente per fallire e certamente avrà stupito i suoi compagni e i suoi maestri per la sua bravura. Nella scuola si studiava filosofia, non quella amata da Micheau, ma alcune opere di Aristotele. Forse è durante queste lezioni che egli pensò di annotare le opere dei filosofi preferiti, ma purtroppo a scuola gli autori che a lui piacevano non erano studiati. Nell'insieme la vita scolastica era piacevole ma la tempesta era all'orizzonte.

Nel 1547 il rettore fu dimesso dalla direzione e costretto a trasferirsi con gli insegnanti migliori in Portogallo. L'anno seguente l'autorità regia impose una tassa sul sale che dapprima provocò malcontento, poi delle rivolte represse nel sangue. Durante i disordini il governatore della città, il luogotenente di Enrico II (Tristan De Moines), si era rifugiato presso la cittadella del re, mentre all'esterno, la folla in tumulto lo incitava a uscire. Allora egli, con un coraggio davvero straordinario, uscì dalla fortezza dov'era al sicuro e andò incontro alla folla inferocita, poi, per qualche ragione che noi ignoriamo, ebbe un ripensamento, e forse impaurito o per qualche altro motivo cominciò a indietreggiare. Ma non fece in tempo a rientrare nella fortezza e a salvarsi perché la folla in tumulto lo raggiunse e lo fece a pezzi. Questo tragico episodio fece riflettere Montaigne che si chiedeva quale fosse il miglior comportamento da tenere in una situazione di estremo pericolo affrontando un avversario temibile. È meglio mostrarsi coraggiosi suscitando l'ammirazione dell'avversario e sperare di avere così salva la vita o, al contrario, mostrarsi indifesi per suscitare forse compassione e generosità sperando in un gesto di clemenza e salvarsi la pelle? Probabilmente De Moines si era comportato forse nel modo peggiore: sfidando la folla si era mostrato troppo arrogante e sicuro di sé, ma indietreggiando aveva dimostrato di essere un "vigliacco" degno di disprezzo e da punire spietatamente. L'inviato del re era stato ucciso ma le violenze continuarono, poi grazie alla mediazione del suocero di Montaigne dopo qualche tempo la calma ritornò. Ma il re era infuriato e non aveva dimenticato quello che era accaduto e non intendeva certamente perdonare, aspettava solo il momento di vendicarsi e così mandò un corpo di spedizione di diecimila uomini per punire la ribellione. Per tre mesi le truppe stazionarono in città saccheggiandola e violentandola; chi veniva sospettato di essere tra i rivoltosi poteva finire sul rogo o essere torturato. Ci volle molto tempo perché Boredeaux riuscisse a riprendersi, ma ciò che più stupisce noi moderni è che, ad un certo punto Enrico II tolse la tassa sul sale. Questo forse non dimostra che la spedizione militare era stata un errore con i suoi eccessi e i suoi massacri? Il re non poteva pensarci prima?

La pace era arrivata, ma cessata la violenza e la follia dell'uomo un'epidemia di peste si diffuse nella regione completando l'opera di distruzione.

Il collegio dove Montaigne aveva studiato chiuse per la seconda volta. Montaigne lo aveva lasciato intorno al 1548; da questa data fino al 1557 la vita del filosofo è scarsamente documentata.

Montaigne amava la cultura classica ma non tutti gli autori allo stesso modo. Ovidio era tra i suoi preferiti, le Metamorfosi gli piacevano molto, piene com'erano di prodigiose e incredibili trasformazioni di uomini e divinità: gli uomini diventano magicamente alberi, animali, stelle; una donna che si bagna in una fonte avvelenata vede sé stessa trasformarsi in orribili cani ma non ha scampo, perché il mostro è lei stessa! Ma Ovidio, così fantasioso e suggestivo, non era il solo autore che attraesse Montaigne, egli amava anche Plutarco che fra gli storici era quello che preferiva più di tutti. Gli storici raccontavano i fatti come erano accaduti e non come sarebbero dovuti accadere come pretendevano i moralisti.

Per Plutarco vivere bene significa sfruttare al meglio ogni circostanza anche quelle in apparenza più sfavorevoli, poiché a volte sono queste difficoltà che ci insegnano qualcosa che noi ignoriamo e che può esserci, invece, utile in altre circostanze. Lo storico non pretende di insegnarci la via da seguire ma il metodo più efficace per superare le difficoltà quotidiane. Egli ci suggerisce anche il comportamento da tenere per la soluzione di un problema, lasciando però ad ognuno la libertà di agire come meglio crede. Montaigne amava Plutarco, si sentiva vicino a lui, alle sue idee, nonostante l'immensa distanza temporale che lo separava dal suo mondo.

Il nostro filosofo amava i libri ma non li idolatrava come suo padre. Non era attratto in modo particolare dalla loro rarità né dalla rilegatura; egli leggeva e scriveva con piacere e leggerezza, senza affaticarsi. Detestava la rigidità e l'impegno sistematico e arrivò perfino a sostenere che, non per forza i libri debbono servire a qualcosa, è possibile invece essere persone migliori avendo letto pochi libri o addirittura nessuno. È anche vero però che Montaigne era un lettore smemorato perché dimenticava quasi tutto ciò che leggeva. Preparare un discorso, per il filosofo era persino dimostrazione di incapacità poiché doveva predisporre un elenco con i temi da trattare, dimenticava le parole che doveva pronunciare oppure si attardava troppo a lungo su uno stesso argomento. Anche il fatto che a volte si annoiasse non lo aiutava certo ad essere brillante. Per la civiltà del rinascimento, invece, possedere un'ottima memoria era una dote essenziale, solo così si potevano coltivare la retorica e l'oratoria perché esprimersi in maniera forbita era segno di elevate capacità intellettuali. All'epoca l'uso di tecniche di memorizzazione era molto praticato e si pensava che questo rendesse le persone migliori.

Noi umani abbiamo due tipi di memoria: quella volontaria, quando cerchiamo ciò che vorremmo trovare e la memoria involontaria, quando troviamo ciò che non abbiamo cercato. Quest'ultima affascinava Montaigne; perché ci permette di spalancare una finestra sul passato che ci fa ricordare ciò che abbiamo provato in altre occasioni e a volte anche provare il desiderio di sperimentare simili sensazioni se queste sono state piacevoli. A Montaigne era gradito fare le cose con dolcezza, detestava i tiranni ed il loro bisogno di dominare, raramente accettava un'imposizione e comunque faceva di tutto per disobbedire anche a un ordine superiore. Da bambino sembrava molto svogliato e con scarso interesse per lo studio ma è difficile crederlo se pensiamo a ciò che è diventato. Nonostante la sua grandezza sminuiva continuamente il suo valore, affermando di essere lento a capire e confessava che nei giochi di carte e negli scacchi era un disastro; tuttavia quello che capiva lo capiva bene. Per lui la cosa più importante era: non fare nulla contro la propria volontà o volerlo fare a tutti i costi, invece essenziale è fare ciò che è gradito prendendosi tutto il tempo necessario e, stranamente per noi, senza neppure preoccuparsi troppo di farlo bene.

Fare le cose senza frenesia infatti dà il tempo necessario per pensare e prendere le decisioni migliori. Sì, dunque, alla moderazione, alla riflessione pacata. No a tutto ciò che è imposto con l'inganno e la forza.

Montaigne sviluppò fin da giovane un grande amore per la libertà. La sua "natura" lo rese molto forte e capace di resistere alle imposizioni e alla violenza dei fanatici. Fu sempre insofferente verso gli ordini perentori e anche se per ovvi motivi (incarichi civili e politici, il suo cattolicesimo) non poté sempre essere neutrale, mantenne quasi sempre la sua libertà di giudizio e la sua "indipendenza". Più degli altri, era capace di vedere i propri difetti e di correggerli se fosse stato necessario. Fin da piccolo ebbe una enorme fiducia in sé stesso e si capiva che a volte si sentiva superiore a chiunque altro, anche se poi, pentendosi, sminuiva il suo valore e confessava la sua vanità e sciocca arroganza. Era sfrontato e non aveva timore ad esprimere il proprio punto di vista, mentre incantava con i suoi discorsi chi lo ascoltava. Purtroppo era basso di statura e minuto, questo era il suo cruccio, ma in un'epoca in cui la maggior parte delle persone aveva la sua altezza non poteva certo lamentarsi. Era anche forte e robusto e per un certo tempo vestì di bianco e di nero come suo padre. L'amico La Boétie diceva che avrebbe avuto un avvenire molto brillante ma rischiava di "sprecare" il suo genio con il suo cattivo carattere e correndo dietro alle belle donne. Evidentemente era un illuso se pensava di dare dei consigli al suo amico, egli era troppo testardo, orgoglioso e indipendente per accettarli.

CAPITOLO V

Montaigne comincia a lavorare –
L'impegno al parlamento bordolese
– Competenze dell'assemblea
parlamentare – Una giustizia
imperfetta; la presa in giro di
Rabelais – Enrico II, una fine
tragica – Calvino il "sovversivo"-
Un trono conteso – Cattolici e
protestanti: una violenza fanatica e
distruttiva

Abbiamo lasciato Montaigne all'uscita del collegio,
lo ritroviamo come giudice al parlamento
bordolese. Quello di Bordeaux era uno dei più
importanti di Francia e tra quelli con i maggiori
poteri. Il lavoro assembleare doveva essere molto
stimolante e se Montaigne lo aveva scelto è ovvio
che almeno all'inizio egli ritenesse che potesse
piacergli. Tra i poteri di questo organo c'era quello
di esaminare le leggi del re e in qualche caso
respingerle, oppure manifestare il proprio dissenso
su una norma non gradita. Il parlamento
controllava anche l'amministrazione civica.
Montaigne all'inizio svolgeva una mansione di

tipo giudiziario e non politico; egli prestava servizio nella camera delle inchieste, dove doveva esprimere un giudizio per quei casi troppo complessi per essere esaminati e risolti nella camera grande. Poteva sembrare un lavoro molto stimolante, in realtà era molto complicato e difficile; in quest'attività le carte cioè gli scritti, i codici, gli istituti avevano un'importanza smisurata. Nessuna procedura di legge era possibile se non in relazione a un testo scritto di cui non si poteva fare a meno (e magari fosse solo quello! Perché una volta esaminato se ne doveva consultare un altro e un altro ancora). La semplicità era bandita e persino i casi più elementari richiedevano una mole enorme di volumi da leggere. Lo scrittore Rabelais si burla della giustizia, perché un suo personaggio Briglialoca passa ore e ore ad esaminare scartoffie, incapace di giungere ad una conclusione. Infine, forse per non annoiarsi lancia un dado sul tavolo e così pronuncia il suo giudizio: un metodo, a suo parere, valido come tutti gli altri.

Montaigne avrebbe voluto riformare la giustizia; uno dei suoi peggiori difetti era molto spesso la sua fallibilità. Chi giudicava di solito voleva "piegare" le leggi ai propri interessi o a quelli del proprio gruppo. Dopo che si era commesso un reato, le prove raccolte potavano essere deboli o del tutto inconsistenti, i testimoni inaffidabili perché corrotti o minacciati o a volte troppo distratti per riferire con precisione ciò a cui avevano assistito. I giudici potevano essere corrotti perché avidi di denaro, incompetenti, disattenti o stanchi vista la mole di documenti da esaminare o troppo insensibili verso la sorte dei loro imputati. Per loro un uomo "graziato" con una sentenza favorevole poteva diventare un pericolo per la società, ma un verdetto di condanna poteva condurre un innocente verso la tortura o la morte, molto spesso senza che ci fossero prove certe. Indubbiamente era molto difficile avere fiducia in una giustizia seria, imparziale e incorrotta.

Montaigne si recava molto spesso in missione diplomatica a Parigi per incontrare i colleghi del parlamento locale e della corte e anche lo stesso re. Il monarca Enrico II°, figlio di Francesco I°, non sembrava dotato delle stesse qualità del padre in realtà era un debole, dominato dalla moglie Caterina de Medici. Dopo il regno felice del padre, la Francia scivolava verso la guerra civile: era una lotta religiosa, ma non solo, era anche una contesa per la successione al trono di Francia. Si contendevano il potere tre fazioni in lotta: i Guisa, i Borbone e i Montmorency. Enrico II° (re cattolico) combatté più duramente i protestanti, fu invece meno duro verso i cattolici. Francesco I° fu, invece, tollerante verso tutti ma introdusse maggiori restrizioni al culto protestante solamente nel 1534 e soltanto per contrastare l'aggressiva propaganda calvinista. Giovanni Calvino (francese) era il capo di un movimento "rivoluzionario" che muovendo dalla città di Ginevra voleva conquistare la Francia.

Il nucleo essenziale della predicazione calvinista è il pessimismo verso l'uomo: l'essere umano è corrotto e senza virtù innate e la salvezza è possibile solo con la grazia di Dio. Nessun cristiano può cambiare il proprio destino poiché tutto è deciso da Dio, se si obbedisce ai suoi comandamenti si diventa invincibili poiché egli concede il proprio aiuto a chiunque creda in Lui.

La Chiesa Cattolica si sentiva minacciata e reagì. Nacque un movimento estremista: la "Lega Cattolica", che minacciava di sterminare tutti i calvinisti. Questa fazione politica col tempo divenne sempre più potente e cercò di condizionare l'operato di Enrico II° per convincerlo a schierarsi al suo fianco approvando leggi antiprotestanti. Dal 1557 la bestemmia, il commercio di libri proibiti, le omelie vietate, furono reati così gravi da far meritare la pena di morte. I calvinisti reagirono furiosamente a queste leggi per loro estremamente ingiuste e liberticide e allora il re troppo debole e preoccupato per le conseguenze sociali dei suoi editti fu costretto a ritirarli al fine di evitare ulteriori violenze e disordini nel regno. Questa volta furono i leghisti ad infuriarsi perché il re concesse agli "eretici" una limitata forma di culto e anche le pene più severe furono "addolcite". Enrico cercava di non scontentare le opposte fazioni ma finì con lo scontentare tutti. Intanto la guerra divampava, i prezzi aumentavano e la fame e la miseria rendevano la vita insicura preparando il terreno per la predicazione violenta.

Secondo alcuni era l'umanità stessa a meritarsi il proprio castigo con la propria condotta dissoluta e come se non bastasse altre sventure colpirono l'infelice popolo francese: i suoi soldati, reduci dalle guerre d'Italia e lì stanziati per combattere, al ritorno in Francia rimasero senza denaro e si unirono in bande criminali che saccheggiarono le campagne terrorizzando i contadini. Intanto il re Enrico II° moriva in duello; un cattivo presagio che annunciava avvenimenti ancora più tragici come la fine del re sembrava dimostrare.

I calvinisti a questa morte esultarono, ma per loro fu un pessimo affare. Si apriva la lotta per la successione al trono di Francia.

Caterina de Medici ed Enrico II° ebbero tre figli: Francesco, Carlo ed Enrico. I primi due morirono presto e così il terzogenito salì al trono diventando re con il nome di Enrico III di Francia. Le lotte religiose non per questo cessarono; uno dei tanti episodi fu il massacro protestante di Wassy ad opera dei leghisti del duca di Guisa. Qual era la colpa degli "eretici"? Aver violato la legge che limitava ai protestanti la facoltà di celebrare i loro riti. Il capo protestante Luigi di Borbone reagì dicendo che bisognava impedire assolutamente violenze di questo genere, un subdolo incitamento ai suoi uomini a prendere le armi. Questo invito venne accolto prontamente dai suoi seguaci con le ineluttabili conseguenze di provocare altre lotte e disordini. Il cuore "lacerato" della Francia ormai era un campo di battaglia per gli opposti fanatismi. Altri fatti drammatici, lutti e sventure scuotevano il regno e un altro massacro, questa volta di cattolici ad opera dei calvinisti fu l'ennesima, inevitabile, tragedia. Finché un re abile, scaltro e spregiudicato salito al trono con il nome di Enrico IV° dichiarò guerra alla Spagna. Fu un modo "eccellente" per far cessare le violenze delle lotte politiche e religiose facendo sfogare le tensioni sociali interne su un incolpevole nemico esterno. Montaigne dubitava della moralità di tale decisione politica tesa a provocare un danno ad altri per il proprio tornaconto.

CAPITOLO VI

Monluc il vendicatore del re – D'Escars il provocatore – La Boétie, Montaigne e l'amicizia "perfetta" - La "servitù volontaria" - Il manifesto degli uomini "liberi" - Una storia di morte, d'angoscia, di sofferenza

Nel 1562 i protestanti attaccarono lo Chateau Trompette, sede del governo, non riuscendo a conquistarlo. Gli assalitori erano ormai sconfitti quando il re vi spedì il comandante Biagio di Monluc. Era il suo castigo contro gli odiati nemici calvinisti, e fu tremendo. Monluc terrorizzò gli ugonotti con torture, esecuzioni di massa e violenze di ogni genere. Ma ad un certo punto gli strumenti di morte (pali, forche, ruote) cominciarono a scarseggiare, allora egli ordinò degli altri ai carpentieri ma con esito insoddisfacente. Monluc non si perse d'animo; c'era un certo numero di individui da impiccare e non c'erano abbastanza forche per poterlo fare? Si poteva rimediare, bastava spostarsi in campagna, scegliere degli alberi abbastanza robusti e appendervi i condannati. Doveva essere un lugubre spettacolo, vedere gli impiccati, agitarsi, invano prima dell'ultimo respiro nel paesaggio ameno della Guienna.

Durante il decennio iniziato nel 1560, Montaigne si recò a Parigi in missione su incarico del parlamento bordolese. Nel 1563 ritornò a Bordeaux abbastanza spesso e nello stesso anno si trovò "invischiato" in un caso poco chiaro. Un mese prima un fanatico cattolico, D'Escars, aveva accusato il presidente del parlamento bordolese Jacques Benoît de Lagebâton di essere privo di legittimità per governare. Il presidente riuscì a difendersi in modo egregio e mise in difficoltà il provocatore, che però un mese dopo tornò alla carica accusandolo nuovamente. A questo punto il presidente reagì duramente e rese nota una lista di colleghi che tramavano contro di lui, affermò addirittura che erano stati pagati per farlo. Stranamente, in quell'elenco c'erano Montaigne e La Boétie. Era un fatto molto strano, loro due erano amici del presidente e quindi dovevano essere al suo fianco contro l'accusatore, ma a complicare le cose c'era l'amicizia di La Boétie con D'Escars; e poiché La Boétie era anche amico di Montaigne fu sospettato anche lui. Tante volte il parlamento bordolese era stato teatro di processi giudiziari, ma in quel momento erano alcuni dei suoi membri che si rinfacciavano colpe vere o presunte. L'aula parlamentare divenne così la sede di un pubblico dibattito in cui ogni rappresentante fu convocato dinnanzi all'assemblea e invitato a esporre le proprie ragioni, per accusare e/o discolparsi di fronte ai colleghi. Quando toccò a Montaigne incominciò a parlare con molta vivacità e finì il suo discorso con una frase molto strana ed enigmatica: egli in un j'accuse abbastanza generico e fumoso "nominò tutta l'assemblea" e svelto uscì. Forse voleva far capire in modo elegante che lui avrebbe potuto accusare tutti i colleghi parlamentari senza che qualcuno avesse nulla da ridire, un modo curioso di proclamare la propria innocenza. La corte lo richiamò indietro perché precisasse meglio il senso di quell'affermazione e lui disse che il presidente era un amico di famiglia e non un nemico. Considerarlo un amico comunque non gli avrebbe impedito di accusarlo se fosse stato necessario. Stranamente le leggi dell'epoca consentivano a chiunque fosse stato accusato di accusare a sua volta. Montaigne intendeva sfruttare questa possibilità ma per qualche motivo non lo fece. Dapprima insinuò che il presidente poteva avere commesso qualcosa di poco chiaro ma non spiegò perché lo sospettasse né tantomeno mostrò alcuna prova contro di lui. Allora la corte lo mise alle strette costringendolo chiarire meglio le sue idee. Dovette essere una sorpresa per i suoi colleghi quando Montaigne incredibilmente affermò che il presidente era una persona troppo onesta e rispettabile per poterlo accusare di alcunché, ma anche semplicemente per sospettarlo di qualcosa di losco. Ma come spiegare il comportamento di Montaigne così stranamente contraddittorio?

Egli era amico di De Lagebâton e D'Escars, entrambi gli avversari politici, e forse per non scontentare nessuno voleva mantenersi equidistante. Ma De Lagebâton accusava lui e La Boétie di un complotto ai suoi danni. Montaigne poteva difendersi e lo fece, La Boétie non poteva farlo perché nel frattempo ero morto di peste. Questo rese Montaigne indignato e furioso. Com'è possibile accusare uno dei tuoi amici più cari senza avere alcuna prova? E inoltre non è di cattivo gusto attaccare una persona che non può difendersi? Ognuno, ovviamente, è "libero" di accusare chiunque ma deve provare le sue accuse!

Gli accusati di De Lagebâton si dovevano discolpare durante un pubblico dibattito parlamentare senza che il presidente avesse prove sufficienti per giustificare le sue accuse. Così si spiega la reazione piccata di Montaigne; "Se tu accusi me, io accuso te. Se io non ho alcuna prova per accusarti non c'è l'hai nemmeno tu!" Non sappiamo com'è finita!!!

Montaigne aveva 25 anni quando conobbe La Boétie a una festa, fu l'inizio di un'amicizia che durò fino alla morte di quest'ultimo causata da una epidemia di peste. La Boétie è l'autore di un'opera famosa: "Discorso sulla servitù volontaria".

Alcuni saggisti pensano che la lettura di quest'opera avvicinò spiritualmente Montaigne al suo amico, ma il giudizio di quest'ultimo sul trattato fu tutt'altro che lusinghiero. Egli commentò semplicemente che l'opera del suo amico non era quanto di meglio ci si sarebbe aspettato da lui.

"La servitù" fu scritta prima del 1554 e riscritta in quell'anno con alcune correzioni. L'opera di La Boétie è un elogio appassionato della libertà contro ogni tirannide. Sbaglia dunque chi ripone la propria fiducia e speranza in qualsiasi forma di potere, per esempio chi crede ciecamente e follemente in una tirannide che si chiama monarchia e che pretende di amministrare la cosa pubblica al servizio e per il bene del popolo. Cosa c'è di pubblico in una forma di governo che concentra tutto il potere nelle mani di un unico uomo? O nell'aristocrazia, la dittatura di più persone per cui si diventa schiavi molte volte?

Neppure chi è eletto dal popolo è immune da vizi ed errori, anzi a volte è peggiore degli altri dominatori.

Ma se l'opera di La Boétie era l'esaltazione dell'uomo libero e senza padroni perché meritò il giudizio severo di Montaigne? Si può azzardare una spiegazione. La Boétie e Montaigne erano cattolici, ma l'opera era stata adottata dai calvinisti che, nell'esaltazione della libertà contro la tirannide, riuscivano a cogliere una critica velata al potere malvagio della monarchia e della Chiesa cattolica. Era una situazione rischiosa e imbarazzante per entrambi. Elogiare l'opera di La Boétie per lo scrittore dei Saggi poteva esporlo a ritorsioni. Per La Boétie stesso il pericolo, oltre all'incolumità personale, era che i fanatici cattolici potessero bruciare "La servitù" sulla pubblica via, come avvenne in effetti e più di una volta.

La Boétie era nato a Sarlat il 1° novembre 1530. Suo padre morì quando il figlio era ancora bambino, e allora fu lo zio ad adottarlo. Nel maggio 1554 fu nominato magistrato al parlamento di Bordeaux, prima che Montaigne ricoprisse lo stesso incarico. Era un giovane molto brillante; la persona da inviare in missioni impegnative e come mediatore per appianare i contrasti. L'assemblea parlamentare addirittura lo preferiva a Montaigne perché lo considerava più serio e affidabile. Se per qualche aspetto i due amici erano diversi, per altri si somigliavano. Entrambi amavano la letteratura e la filosofia ma soprattutto stavano bene insieme in parlamento e nella vita. Il fatto, poi, di dover lavorare insieme a colleghi meno brillanti rese più forte la loro amicizia. Ciò non impediva a Montaigne di essere onesto e sincero verso il suo amico. I Saggi ritraggono La Boétie in modo veritiero con i suoi pregi e i suoi difetti, è anche vero però che i giudizi dell'amico verso Michel non sono per nulla entusiasti. Per lui, lo scrittore dei Saggi, è un giovane ancora troppo acerbo per avere successo e non farà mai nulla di importante se continuerà a farsi distrarre dal fascino delle belle donne. Nonostante queste critiche egli esprime il suo affetto in un sonetto a lui dedicato. Montaigne afferma di nutrire gli stessi suoi sentimenti, e addirittura si fa prendere dall'entusiasmo quando nei Saggi descrive "la forza trascinante" del suo desiderio di "amore" che si impossessò della sua vita per unirla a quella del suo amico. Una passione così intensa, quasi erotica è sorprendente e quasi sospetta per noi moderni. In realtà nel periodo rinascimentale non è raro trovare tali amicizie ed espressioni di affetto. All'uomo di quel periodo ripugnava il rapporto intimo con una persona dello stesso sesso; il loro era solo un legame spirituale che non aveva bisogno del contatto fisico per manifestare la sua forza esplosiva. Questo loro amore era anche condivisione per la cultura classica, per la bellezza, per la vita. Montaigne e La Boétie studiavano insieme, si aiutavano reciprocamente, ognuno era per l'altro lo specchio in cui si riflettono i sogni, i desideri, gli ideali dell'uomo rinascimentale. Entrambi cercavano di perfezionare e portare a compimento l'arte di vivere. Il "destino" volle che La Boétie morisse molto giovane e Montaigne rimase solo a coltivare il loro "sogno".

Sui bei momenti vissuti insieme egli scrisse nei Saggi. Ma non erano solo i rapporti di affetto, a cui peraltro teneva molto, che lo interessavano; a questi si unì la stima per l'opera dell'amico che lo stimolava, ora, a dare il meglio di sé. La Servitù mostra come attraverso i secoli i dittatori abbiano soggiogato i popoli per il loro potere, che svanisce quando quegli stessi individui asserviti tolgono il loro consenso al tiranno. Non è necessaria la rivoluzione se si vuole abbattere la tirannia ma è necessario evitare di far parte dei sostenitori grazie ai quali essa si sostiene. Stranamente più i dittatori opprimono (togliendo la libertà di parola, di stampa, di riunione), maggiore è (di solito) il consenso di cui godono. Non c'è, quindi, alcuna certezza che il tiranno sarà odiato per il male che commette o che si cercherà di togliergli il potere o addirittura ucciderlo se necessario. La Boétie fa notare, acutamente, che in queste relazioni di potere nessuno è libero, né il tiranno schiavo del suo desiderio di opprimere, né le masse che non desiderano la libertà ma solo sottomettersi al tiranno. Tutti da un livello più infimo a quello più elevato sono in uno stato di "servitù volontaria" rafforzata dall'abitudine, dalla pigrizia, dalla convenienza e dalla viltà, ma anche dalla disperazione. Stranamente alcuni desiderano l'oppressione perché non hanno mai assaporato la libertà, ma per fortuna non è sempre così poiché qualcuno è riuscito, studiando gli avvenimenti storici a liberarsi dalla tirannide, riconoscendone la presenza occulta fra gli uomini, ma questi bei spiriti indipendenti sono molto rari e molto pochi per cambiare la società, il fatto poi che agiscano individualmente non può che portare al fallimento.

La servitù volontaria era un testo coraggioso e una novità sconvolgente per l'epoca, ma l'intento di La Boétie non era quello di provocare la rivoluzione ma di educare. Egli diede alle stampe poche copie, forse perché temeva le conseguenze del successo. L'opera più che incitare alla rivolta, era diretta ai governanti perché esercitassero il loro potere in modo più responsabile, piuttosto che consegnarlo al popolo incapace di governare. La Servitù ebbe un diverso trattamento: i calvinisti la accolsero in modo entusiasta per loro era uno strumento di libertà, i cattolici l'avversarono in modo feroce. Il 7 maggio 1579 il Parlamento bordolese ordinò che fosse bruciata sulla pubblica piazza. Era una situazione pericolosa. Montaigne per difenderlo, e per cercare di sottrarlo a una eventuale e possibile violenza nei suoi confronti, nei Saggi ribadì che l'opera del suo amico era un innocente esercizio letterario e non una provocazione. Ma intanto essa era diventata un libro di culto per gli amanti della libertà che, peraltro come La Boétie, stranamente non incitavano alla rivolta, ma davano prova di moderazione, esortando alla disobbedienza civile, cioè al rifiuto di collaborare con un potere tirannico. Quando l'opera di La Boétie cominciò ad essere stampata Montaigne promise a sé stesso che l'avrebbe inserita nei Saggi e proprio alla fine del saggio "sull'Amicizia". Ma al momento di stamparlo la situazione politica cambiò, qualcuno in modo astuto presentò l'opera dell'amico come un trattato sovversivo e rivoluzionario, così Montaigne molto opportunamente e prudentemente decise di toglierlo dalla versione definitiva. Intelligentemente Lo scrittore dei Saggi riuscì a capire dov'era nascosta la trappola preparata dai suoi astuti rivali, allora non perse l'occasione per criticare coloro che tramavano per abbattere il governo "legittimo" per sostituirlo con un altro. Non sappiamo, sottolinea lo scrittore, se questo cambiamento annuncerà un futuro di progresso o un disastro irrimediabile. Montaigne accusa anche coloro che hanno manipolato l'opera con delle aggiunte che non sono dell'autore. Egli abilmente si giustifica per "l'impossibilità" di pubblicare il trattato "sulla servitù volontaria" all'interno dei Saggi proprio a causa di quelle manipolazioni. A questo punto dà un giudizio sul trattato tutt'altro che favorevole. Per lui l'opera di La Boétie sarebbe il risultato poco soddisfacente di uno scrittore troppo immaturo per essere credibile. Poi si pente di tale affermazione e sostiene che l'autore era certamente convinto della verità che andava a sostenere, era una persona troppo onesta per scrivere una cosa e pensarne un'altra. Ma subito dopo, ribadisce che il suo amico è una persona insofferente alle regole e incline a fare di testa propria, per poi correggersi nuovamente affermando che La Boétie era un autore che rispettava le leggi del luogo in cui era nato e vissuto. Comunque alla fine la servitù fu esclusa dai Saggi, al suo posto fu inserita una prefazione, una dedica ed una breve annotazione. La "servitù volontaria" per i temi trattati e per lo stile assomiglia molto ai saggi a tal punto da suscitare un sospetto: e se fosse stato Montaigne ad averla scritta? Il libro tratta di temi cari al saggista, l'amicizia, opinioni personali, consuetudini. L'opera è convincente, seducente come lo sono i Saggi ma anche incoerente, disordinata proprio come molte pagine di Montaigne. Ma il trattato nelle intenzioni di La Boétie non era destinato alla pubblicazione, allora si comprende facilmente questa trascuratezza. Ma l'interrogativo torna nuovamente: chi è l'autore del saggio La Boétie o Montaigne? Un certo numero di copie circolavano all'epoca a Bordeaux ma non recavano la firma dell'autore. Perché La Boétie non aveva firmato la sua opera? Temeva forse per la sua incolumità o addirittura per la sua vita? Nonostante la sua accortezza si sapeva che era lui l'autore dell'opera anonima, altrimenti che ragione aveva Montaigne di difenderlo e di criticarlo al tempo stesso se non per proteggerlo dalle minacce dei suoi nemici? Ma la difesa di La Boétie non era forse la dimostrazione che la "servitù" fosse sua? Adesso una storia di morte, d'angoscia, disperazione e indicibile dolore. È il 9 agosto 1563, sembra una giornata come tante, neppure particolarmente interessante. Ma è una falsa impressione. È un lunedì e La Boétie è ospite nella proprietà di D'Escars. La sera a cena deve incontrarsi con Montaigne, ma mentre sta per allontanarsi comincia a sentire dei dolori allo stomaco: è un inconveniente molto spiacevole. Allora La Boétie manda qualcuno da Montaigne per avvertirlo che sta male e che per ovvi motivi l'incontro non ci sarà. Montaigne, allarmato, si reca presso D'Escars. Quando arriva trova l'amico sofferente. La Boétie gli dice di aver soggiornato all'aperto e probabilmente ha preso un raffreddore; ma è estate e il clima è mite, quasi certamente si tratta di una cosa molto più seria. La peste si sta diffondendo nel bordolese e l'amico è stato quasi certamente contagiato. Montaigne gli consiglia di spostarsi in una zona più sicura, ma La Boétie è troppo debole per viaggiare. Come ormai è evidente l'amico si è infettato, da questo momento e per quasi una settimana le sue condizioni non fanno che peggiorare. Montaigne allora decide di restargli accanto per confortarlo, ma la peste è una malattia micidiale, molti restano colpiti, pochi riescono a salvarsi. Purtroppo ora anche Montaigne al suo fianco rischia seriamente di infettarsi e morire. Lo scrittore in uno slancio di generosità e affetto non pensa a sé stesso e al pericolo che corre, volge invece lo sguardo verso l'amico che comincia a soffrire in modo indicibile e sente il sospiro pieno di angoscia dell'amico; La Boétie lo prega di non lasciarlo solo, ma si rende conto che la malattia di cui soffre è molto sgradevole e pericolosa e invita l'amico ad allontanarsi di tanto in tanto per non rischiare il contagio. Montaigne ignorando la sua fraterna esortazione resterà accanto a lui quasi ininterrottamente fino alla fine. L'ammalato si agita, spalanca gli occhi e si volge verso quelli che lo assistono, ma non vede nulla: sconvolto e terrorizzato confida ai presenti di essere prigioniero di una notte senza fine in cui ogni cosa gli appare confusa e immersa in un disordine indescrivibile, egli è ormai cosciente della gravità del suo male, teme per la sua vita e si prepara all'addio dagli affetti più cari e dalle cose più amate, allora prega l'amico di occuparsi dello zio e della moglie che sono accanto a lui e che cercano di confortarlo sconvolti dal suo dolore. In un raro momento in cui sembra riprendersi offre a Montaigne il suo omaggio più gradito: i suoi libri; è una pausa di lucidità che una malattia spietata come la peste raramente concede: se ti colpisce sei spacciato, ma a volte è come se questa volesse ingannarti facendoti illudere di poter guarire. All'improvviso La Boétie sembra svegliarsi dal suo torpore e si rivolge ai presenti parlando con vivacità e calore, ma è solo un'illusione, si aggrava nuovamente tra la disperazione di chi gli è vicino. È un tormento che non concede tregua e che gli impedisce di riposare serenamente, ma lui lotta contro il suo male in modo così indomito e con tale energia che Montaigne, colpito dal suo coraggio, gli confessa candidamente di essere meno coraggioso di lui e di vergognarsi profondamente per questo, e, mentre assiste al dolore del suo amico cresce la sua stima e ammirazione verso di lui. Ora Montaigne giura solennemente al suo cospetto che non lo dimenticherà mai e onorerà sempre il ricordo della sua lezione di vita fino al giorno in cui toccherà a lui andarsene via per sempre. È uno dei momenti più commoventi della loro amicizia: La Boétie lo ascolta poi prende la sua mano e gli rivela di aver vissuto una vita lunga e ricca di soddisfazione e che sicuramente, per lui, quest'ultimo e decisivo finale della sua vita non è certamente la prova più difficile e dolorosa. Non si lamenta, ma in modo ammirevole dichiara la propria gratitudine al creatore perché nonostante la sua pena gli ha fatto dono di una lunga vita (aveva solo 30 anni!) e della felicità malgrado tutto. In preda al tormento sente il bisogno di rassicurare i presenti confidando la sua speranza in una vita ultraterrena ricca di felicità ed eternamente immortale, li invita quindi a rassegnarsi al suo ineluttabile destino. Nella stanza affollata si odono pianti e sospiri di angoscia; La Boétie come Montaigne detesta tutte queste manifestazioni di dolore che impediscono a un moribondo di morire in pace e in tono abbastanza severo si rivolge ai presenti pregandoli di restare in rispettoso silenzio: è già abbastanza patire la propria sofferenza per portare sulle spalle anche quella degli altri. Adesso il suo desiderio è quello di un riposo che troverà solo nel sonno del sepolcro e che sarà certamente sconfinato e benedetto da Dio, rivolge dunque una ultima e angosciata preghiera all'Altissimo affinché lo ascolti e metta fine alla sua pena. L'agonia è tremenda: il corpo sudato è freddo come il ghiaccio, il cuore quasi non batte più. Poi incredibilmente il moribondo sembra riprendersi e riacquistando un po' di lucidità rivela fra lo stupore dei presenti di sentirsi bene, anzi di avere provato per un attimo delle indescrivibili sensazioni di beatitudine. Ma La Boétie è oramai allo stremo, si agita freneticamente e scalcia in modo rabbioso, sono gli ultimi rantoli. Muore alle 3 del mattino di mercoledì 15 agosto 1563 con il conforto della fede cattolica e dei suoi familiari, ma soprattutto del suo adorato amico Montaigne che non lo ha mai abbandonato, l'ultimo dono del suo cuore generoso. Da quel giorno infausto, per Montaigne, non ci fu che una notte buia e tediosa. La morte di La Boétie aveva provocato in lui un dolore inconsolabile. Montaigne sperava che qualcuno prendesse il posto dell'amico, ma invano. La Boétie era più che straordinario, era unico e insostituibile. Si sforzò di dimenticarlo per non provare dolore, ma non ci riuscì. Allora capì che il modo migliore di onorarlo era quello di ricordare la sua lezione di vita, ma così dovette adattarsi ad un mondo in cui il suo amico non c'era più.

CAPITOLO VII

Una scuola per la vita: le filosofie della Grecia classica

Montaigne era molto attratto dalle grandi scuole filosofiche e pragmatiche. La filosofia per lui doveva insegnare a:

- sopportare il dolore per la perdita di una persona cara

- trovare la forza d'animo per cavarsela nelle difficoltà di ogni giorno

- giudicare correttamente nei casi moralmente controversi, per raggiungere (possibilmente) la felicità di ogni giorno.

Le scuole più note erano:

- Lo stoicismo

- L'epicureismo

- Lo scetticismo

Queste filosofie, nate in Grecia, avevano un unico fine: il raggiungimento della felicità ed i mezzi più idonei per ottenerla. Il termine greco per tradurre benessere, felicità. è "eudaimonia", questo il fine, il mezzo più efficace per ottenerli è la "ataraxia", traducibile come quiete, imperturbabilità, perfino indifferenza. Per conquistare questo stato di grazia non bisogna farsi vincere dalle emozioni. È necessario essere equilibrati. Non esaltarsi quando le cose vanno bene, né abbattersi quando vanno male.

Per gli epicurei, non si può essere felici se non recidendo i legami familiari e scegliendo di vivere in comunità. Gli scettici preferivano una vita ordinaria come membri della società. Gli stoici si rivolgevano ad un'aristocrazia urbana dedita agli affari pubblici a profitto della società, di tanto in tanto però, erano spinti dal desiderio di appartarsi e dedicarsi alla contemplazione. Sia gli stoici che gli epicurei credevano che la possibilità degli uomini di apprezzare i piaceri della vita fosse impedita dall'incapacità dell'uomo di controllare le proprie emozioni e di concentrarsi sul presente senza rimpiangere il passato o preoccuparsi del futuro. Se fossimo capaci di liberarci di questi gravi difetti avremmo trovato la soluzione al più grande problema della vita.

Immaginate adesso che la vostra vita finisca oggi! Quali sono le vostre sensazioni? Avete rimpianti? Ci sono cose che avreste voluto fare meglio e non ci siete riusciti? Vi sentite tranquilli o siete divorati dall'angoscia e dal rifiuto?

Seneca narra di un uomo ricco chiamato Pacuvio che ogni giorno recitava la commedia della propria morte. Al termine del rito il gaudente aristocratico si faceva preparare una ricca tavola piena di cibo a disposizione degli ospiti, la "gustosa" cerimonia si concludeva quando il padrone di casa si faceva trasportare con la bara in camera da letto mentre i servi cantavano: - è vissuto!! è vissuto! Come vi sentite adesso? Riuscite a sorridere nonostante tutto? Riuscireste ad affrontare la morte con la stessa leggerezza e non curanza di cui è stato capace Pacuvio?

Anche Epicuro e Lucrezio esortavano a pensare alla propria morte senza turbarsi. Se avete vissuto bene potete morire contenti, ma se avete sprecato la vita o non l'avete apprezzata abbastanza ("evidentemente per voi aveva poco valore"), allora non vale certo la pena rimpiangerla, ma se questa vita "insignificante" non fa per voi rinnegatela e sforzatevi di vivere onorevolmente! Solo così potrete morire in modo degno! Un'altra accortezza per superare il dolore per la morte di qualcuno che ci è caro o di qualcosa a cui teniamo in modo particolare e che abbiamo perduta o ci è stata rubata, consiste nell'immaginare quella persona o quella cosa come se non l'avessimo mai posseduta. Quale rimpianto potremmo avere per qualcuno o per qualcosa che non è mai stato nostro? Se avete subìto la perdita dolorosa e irreparabile di una persona cara, come un amico o un figlio, risalite il corso del tempo prima di quell'esperienza scioccante e confrontate il dolore che provate adesso con le gioie piccole e grandi che avete provato prima di quel giorno infausto e sforzatevi di provarle ancora. Non è certo che tutto ciò possa funzionare ma almeno troverete una meta verso cui indirizzare i vostri sforzi invece di farvi soffocare dal dolore. Se invece vi sentite disgustati dal possesso di beni materiali, sforzatevi di credere che tutto stia per sfuggirvi di mano e di provare il desiderio "disperato" di ciò che vi manca, un cibo gustoso o altro. Questo espediente vi permetterà di gioire di ciò che possedete ma non avete mai apprezzato. Un altro "trucco" che ci viene insegnato è di prestare la massima attenzione a ciò che si fa. Fate una cosa alla volta e concentratevi su quella, senza farvi distrarre. È necessario essere pienamente coscienti e prestare la massima attenzione al proprio compito ed è anche un ottimo metodo per limitare la possibilità di farsi male durante l'esecuzione di lavori pericolosi. Questi sono i fini, i mezzi per raggiungerli sono: la meditazione e la ripetizione. In effetti ogni cultore di un'arte o di una professione deve esercitarsi un numero di volte sufficienti per giungere alla meta.

Un altro espediente degli stoici per raggiungere la pace del cuore era il tempo circolare. Con questa idea bizzarra Socrate sarebbe rinato e avrebbe insegnato di nuovo ai suoi studenti ad Atene, dove era vissuto. Con l'immortalità, un giorno ognuno sarebbe riapparso sulla scena del mondo ma solo per essere costretto all'infinito a ripetere le azioni compiute nelle sue vite precedenti. Quest'idea dava agli stoici una strana consolazione, poiché (da un certo punto di vista) sminuiva la gravità e l'importanza dei problemi quotidiani. Ma solo fino ad un certo punto, in realtà ogni idea o comportamento assumevano un'importanza smisurata, si era condannati a ricordare tutto e a tutto prestare la massima attenzione, poiché ogni errore o azione virtuosa si sarebbero ripetuti all'infinito nelle successive esistenze. Era una condanna alla rassegnazione, ma anche una sfida a sforzarsi di essere "impeccabili" nella prima di infinite esistenze. Era quello che gli stoici chiamavano "amor fati". Non ci si può illudere di poter mutare gli avvenimenti, bisogna accettarli così come sono e risparmiarsi ogni fatica.

Montaigne non riusciva a consolarsi per la morte del suo amico. Si sforzò di non provare dolore ma, pensando a lui, era quasi impossibile. Allora si concentrò sul suo "ricordo" scrivendone. Era ancora peggio: meglio distrarsi. Ci riuscì innamorandosi di una donna e il rimedio sembrò funzionare. Montaigne superò il trauma della perdita per i restanti giorni che gli restavano da vivere, ma il tempo che trascorreva lo avvicinava alla propria morte: non poteva evitare di incontrarla, poteva solo riuscire a non pensarci. Allora risalì indietro al tempo della sua infanzia e della sua giovinezza e ritrovò la serenità. Con l'esperienza egli divenne un maestro nell'evitare di restare vittima dell'avversa fortuna. Come l'incidente a cavallo avrebbe dimostrato, la caduta era stata per lui un grande trauma, ma anche l'occasione di mettere in pratica le sue idee sulla vita. La morte lo aveva solo sfiorato, ma ora Montaigne cominciava a "capire" come doveva comportarsi per riuscire a vincerne la paura. È opportuno che la natura faccia il suo corso, solo essa (con la nostra collaborazione e un opportuno esercizio) può "aiutarci" a guarire dai nostri mali: cioè a farci dimenticare e a distrarci da ciò che di spiacevole potrebbe accaderci o ci è già accaduto. Purtroppo la natura ha i suoi tempi, non possiamo "imporle" di adattarsi a noi ma siamo noi a doverci adattare ad essa. Non si può guarire troppo presto, bisogna aspettare con pazienza che il nostro augurio si realizzi e a trarre il meglio per noi stessi, nelle circostanze più sfavorevoli o addirittura drammatiche (come l'incidente a cavallo aveva dimostrato). Queste lezioni di saggezza hanno suscitato interesse ed entusiasmo in molti lettori dei saggi. Montaigne è visto qui come un maestro di libertà contro il fanatismo, e in genere, contro ogni potere autoritario.

Chi ha letto i saggi ha trovato un materiale ricchissimo e quasi sempre ciò che voleva trovarvi e leggervi. I suoi primi lettori furono i suoi contemporanei, desiderosi di sapere come vivere e come vincere le sofferenze, per costoro i saggi erano il "libro della vita", un manuale indispensabile e a cui La Boétie aveva dato un impulso decisivo per la loro composizione

L'amico è sempre presente nell'opera ed è come se Montaigne gli chiedesse un'opinione o un consiglio su ciò che avrebbe in seguito scritto. Il ricordo di quell'amicizia può sembrare un ostacolo all'obiettivo di non pensare al dolore della sua perdita, ma solo in apparenza, la verità è, invece, che l'intelligenza di Montaigne gli permetteva di spostare il suo interesse da un tema all'altro con grande facilità e a liberarsi di un peso angoscioso e opprimente. Su ogni problema Montaigne aveva la sua opinione, ma era come se invocasse la "presenza" dell'amico come testimone della legittimità delle sue idee e dei suoi comportamenti. Forse era questa ambivalenza che lo spingeva a scriveva i Saggi; se avesse avuto qualcuno al suo fianco con cui conversare al posto del suo amico forse avrebbe scritto solo delle belle lettere. Qualcuno sostiene che il rapporto di Montaigne con La Boétie fosse come il rapporto servo-padrone: La Boétie "ordina" Montaigne "esegue", ironica contraddizione per due spiriti amanti della libertà.

CAPITOLO VIII

Una traduzione indigesta la "theologia…" di Raymond Sebond – I personaggi stravaganti nella Grecia classica – Pirrone – Il "cattolicesimo" di Montaigne - L'intelligenza animale: una frecciata alla superbia dell'uomo- Cartesio e il bisogno di certezze – Pascal e il dubbio che angoscia – I Saggi nell'indice dei libri proibiti

Nel 1564 il padre di Montaigne, Pierre, aveva affidato al figlio la traduzione di un trattato religioso: la "theologia naturalis, sive liber creaturarum". L'autore era Raymond De Sebond e l'aveva scritta nel 1436 ma era stata pubblicata solo nel 1484. Era un dono a Pierre dai suoi amici letterati ma la lingua latina con cui il libro era stato scritto era troppo difficile per il modesto livello di conoscenza di Pierre; allora egli pensò a suo figlio come possibile traduttore. Una lettura in francese per Pierre sarebbe stata la sola possibile. L'opera era stata inserita nell'indice dei libri proibiti e all'inizio Pierre ebbe molte esitazioni prima di consegnare a Michel il saggio per la traduzione. Michel non riuscì ad entusiasmarsi per questo lavoro. Intorno alla mezza età egli si lasciava vincere dall'ozio e perfino lo studio letterario, che in seguito avrebbe amato, non riusciva ad appassionarlo. Pierre stava male, sentiva che non sarebbe vissuto molto a lungo. Cosa avrebbe fatto Michel senza di lui quando il peso delle responsabilità sarebbe caduto tutto sulle sue spalle? Sarebbe stato all'altezza dei suoi nuovi impegni? Era per la verità un modo alquanto bizzarro per mettere alla prova il valore del figlio prediletto, ma Michel, per la gioia paterna, vincendo la sua pigrizia si mise a lavoro sull'opera di Sebond.

La prosa del libro non era impeccabile e le pagine troppo numerose. Era un lavoro difficile, sicuramente il tono di Pierre sarà stato dei più gentili nel chiedere al figlio la traduzione delle theologia appena avesse avuto un momento libero.

Un momento libero per mattone indigesto di 500 pagine!? Per fortuna Michel non aveva altro da fare e allora si impegnò nel lavoro riuscendo a concluderlo. Margherita Di Valois, sorella del re Enrico III, gli chiese un'apologia dell'opera. Montaigne le rispose che l'opera era indifendibile, ma solo per il momento.

In realtà il dodicesimo capitolo del libro II° dei Saggi diventa una "difesa" della theologia. Scrivere un'apologia di un'opera significa sostenere il punto di vista dell'autore contro gli attacchi di coloro che lo criticano e lo disprezzano. Per metà dell'opera Montaigne è a fianco di Sebond e delle sue tesi, poi da apologista diventa rivale e invece di sostenerlo è lui stesso ad attaccarlo. Montaigne usa un espediente molto efficace per difendere Sebond e criticarlo al tempo stesso. Coloro che criticano Sebond, argomenta lo scrittore dei saggi facendo ricorso a logiche razionali, potrebbero cadere in errore poiché la ragione non è infallibile, ma anche Sebond ricorre ad argomenti razionali per sostenere la sua fede, allora anche ciò che lui afferma potrebbe essere falso e dunque privo di importanza!? Per Montaigne con la ragione non si può quasi mai giungere alla verità: essa ha dunque poco valore e solo la nostra stolta vanità ci fa sentire importanti e infallibili quando noi la adoperiamo. Non c'è quindi alcun motivo per sentirsi orgogliosi e superbi delle nostre conquiste: queste sono solo pessimi vizi che bisogna estirpare anche se Montaigne ammette candidamente di esserne afflitto. Sono invece lo stoicismo e l'epicureismo che ci indicano la via della virtù e ci permettono la conquista della serenità interiore e l'armonioso sviluppo delle nostre facoltà.

Lo scetticismo, invece, mette tutto in discussione e afferma che non vi è nessuna certezza e nessuna "via" privilegiata per raggiungere la verità. Ma questa filosofia è più che altro un metodo di conoscenza e non è, in generale, in rapporto con l'arte di vivere. Il fascino del pirronismo è nella rivelazione che nulla nella vita è così importante da dover essere affrontato seriamente. Lo scetticismo di Pirrone è così estremo che la sua affermazione dell'impossibilità della conoscenza è l'inevitabile conseguenza. Il pirronismo prende a "prestito" la famosa frase socratica: l'unica cosa che so è che so di non sapere, ma poi aggiunge "ma non ne sono poi tanto sicuro", ma così entra in contraddizione con sé stesso. Il motto pirroniano potrebbe essere "sospendo il giudizio, e non mi muovo"; "dovrei nutrirmi ma non mangio e così muoio di fame". "Piove e dovrei aprire l'ombrello per non bagnarmi, "non mi muovo" e così resto inzuppato".… È facile capire come lo scetticismo estremo renda la vita impossibile.

Dubitando di tutto, non si vive forse per tutta la vita in un'incertezza paralizzante? Che poi si diventi ridicoli è certo e di questo neppure i pirroniani dovrebbero dubitare. Ma se è stupido mettere, sempre, tutto in discussione lo è altrettanto credere a tutto, il modo più facile per essere ingannati. Lo scetticismo pirroniano non si sbilancia a favore di una tesi o dell'altra ma si sforza di mantenersi equidistante fra gli estremi. I seguaci di questa dottrina mettono tutto in dubbio, non per il gusto perverso di contestare qualunque affermazione, ma per raggiungere la tranquillità interiore. Se nella vita non vi è nessuna certezza non vi è neppure una meta da raggiungere. E allora perché affannarsi? Il "vantaggio" del pirronismo è che esso ha "sempre ragione" e quindi non deve mai preoccuparsi di aver torto.

Se il pirronismo vince una sfida questo è la prova che è nel giusto, ma se perde è come se vincesse, perché questa è la dimostrazione che è lecito dubitare anche di chi dubita.

Di Pirrone, capostipite della scuola filosofica che porta il suo nome, si narrano delle storie incredibili ed anche un po' strampalate. Quando egli usciva di casa per passeggiare non cambiava percorso per nessuna ragione neanche se davanti a lui si spalancava un precipizio. I suoi amici dovettero intervenire ripetutamente per toglierlo dai guai, consapevoli che uno sciocco non può salvarsi da "solo" ma deve essere "salvato" dai propri simili.

Montaigne scriveva che se Pirrone cominciava un discorso con qualcuno sentiva l'esigenza di finirlo anche se chi gli stava di fronte se ne era andato…ma nessuno è perfetto e qualche volta è necessario "tradire" i propri principi. Una volta Pirrone fu costretto a reagire all'assalto di un cane rabbioso difendendosi brillantemente ma dovette ammettere che proteggersi da un animale aggressivo è talvolta un metodo molto efficace.

Montaigne non aveva preferenze, gradiva tutte le storie in cui Pirrone era protagonista, quelle in cui era coerente con i suoi rigidi principi e le altre in cui affioravano inevitabilmente le sue "debolezze" e contraddizioni. Montaigne riteneva Pirrone una persona del tutto ordinaria che cercava una <<purezza>> di comportamento che pochi potevano raggiungere. Lui non dava niente per scontato, era antidogmatico per definizione e per questo Montaigne lo apprezzava. Entrambi sono "nemici" di tutti coloro che pretendono di avere in tasca la verità e vogliono imporla a chiunque.

Lo scetticismo non perdeva l'occasione per affermare che nessuna conquista è eterna poiché alla nostra morte dovremo lasciare tutto ciò che possediamo.

Lo scetticismo divenne la bussola interiore di Montaigne. Certe parole che lui adoperava rivelano i suoi dubbi, le sue incertezze. I saggi abbondano di espressioni come <<forse>> o << mi sembra>> e ci danno una lezione di realismo rendendoci consapevoli della nostra imperfezione e insegnandoci ad evitare ogni atteggiamento di superbia e di arroganza.

Montaigne sentiva il bisogno di sorprendersi. In effetti, era attratto da tutto ciò che era insolito, in breve da tutto quello che non rivela facilmente i propri segreti.

Cosa c'è di più seducente della propria persona per guardarsi dentro e raggiungere, per quanto possibile la "verità" su noi stessi?

Questa è la verità, dentro di noi!

Quella fuori di noi ha bisogno dei sensi per essere raggiunta. Ma essi sono deboli e imperfetti e così noi non possiamo arrivare alla meta che molto raramente.

I sensi, a volte, sembrano quasi fatti apposta per ingannarci e le nostre percezioni cambiano se siamo in salute o ammalati (è noto a tutti la mancanza di sapore dei cibi se siamo raffreddati).

Ma quali sensazioni provano gli animali e in che modo esprimono ciò che provano se sono privi del linguaggio?

Sesto Empirico aveva capito che gli animali vedono i colori in modo diverso da noi uomini. I cani vedono solo in bianco e nero con sfumature di grigio.

Ma i difetti di percezione sono nei nostri occhi o in quelli degli animali?

Alcuni hanno capacità sensoriali straordinarie (la vista acutissima della lince o dell'aquila, l'udito finissimo del lupo, l'odorato formidabile del cane) altri estremamente scarse (la talpa è quasi cieca, i serpenti non hanno un apparato uditivo).

È possibile che l'acutezza sensoriale di certi animali, che a noi manca, sia veramente necessaria per una piena comprensione della realtà?

Noi raggiungiamo la "verità" con i cinque sensi ma forse avremmo bisogno di otto o dieci per "penetrare nell'essenza" delle cose.

La conclusione è sconfortante. Non potremo mai conoscere le cose come sono, ma solo come appaiono e tutto questo per la debolezza della nostra natura e della nostra intelligenza. Gli errori che commettiamo non sono un fatto occasionale, ma si ripetono molto spesso a volte in modo inevitabile, solo qualcuno   raramente è capace di superare il suo limitato punto di vista e in grado di "vedere" le cose così come sono.

Invece Montaigne ha la capacità eccezionale di "sdoppiarsi" e "guardare dentro di sé" in modo obiettivo, ma senza giudicarsi. Neppure gli scettici erano arrivati a tanto, essi mettevano tutto in discussione ma non erano consapevoli di quanto l'incertezza del loro agire dipendesse dalla loro imperfezione. Montaigne invece sì. Se la coscienza della nostra limitatezza e impotenza a raggiungere una verità incontestabile può, talvolta, essere un po' deprimente, l'esistenza dei singoli punti di vista e la loro accettazione rende l'uomo "libero" poiché non c'è una norma a cui attenersi né un metodo che consenta di giungere a una conoscenza totale e definitiva. È inaccettabile quindi che qualcuno cerchi di imporci il suo credo o la sua opinione su qualsiasi argomento.

Come si possono conciliare, allora, le idee di Montaigne, rispettose della libertà del singolo, della sua dignità e autonomia con la sua fede cattolica?

Mi piace ricordare un'affermazione a cui tengo in modo particolare. Non è importante ciò che abbiamo ma l'uso che ne facciamo. Montaigne era nato in una famiglia cattolica, aveva ricevuto un'educazione cristiana, era stato battezzato, si era sposato in Chiesa. Era inevitabile quindi che la religione che aveva <<respirato>> con l'aria di casa avesse avuto tanta importanza e tanta influenza sulle sue idee e i suoi comportamenti. Ci sarebbe voluto un coraggio davvero straordinario, per quei tempi, per rinnegare la propria fede, abbracciarne un'altra o addirittura diventare atei. Per sua fortuna la religione è stata sempre incapace di imporgli i suoi dogmi, di cambiare le sue convinzioni, di costringerlo con la minaccia e l'uso della forza a cambiare i suoi comportamenti. Nonostante il cattolicesimo abbia avuto tanta parte nella sua vita, egli mantenne una certa freddezza verso di esso. Da uomo religioso, egli non conosceva la preghiera e quasi mai si era recato in visita a un santuario se non per pura curiosità. Montaigne, inoltre, disdegnava la partecipazione alla messa domenicale ed in genere a qualsiasi cerimonia religiosa, come un ateo qualsiasi.

Ma la religione era dentro la politica, nella società e nella vita stessa dell'uomo e di questo bisognava tenere conto. Era troppo radicata per poterla estirpare in un solo colpo. I tempi erano violenti, dominava il fanatismo e di questo erano responsabili sia il cattolicesimo sia il protestantesimo. Nonostante Montaigne, per il suo cattolicesimo fosse di parte, si sforzò sempre di essere equidistante. Uomo molto intelligente appoggiava qualunque iniziativa di pace, purché fosse sincera, non importava se da parte cattolica o protestante.

Le opposte fazioni erano ugualmente responsabili della violenza che insanguinava la Francia?

Non era proprio così!!!

In realtà il protestantesimo sembrava avere maggiori colpe. Il cattolicesimo aveva una storia più antica, era radicato nella coscienza dei francesi molto di più del protestantesimo, in un certo senso era "legittimato" a governare da una storia più lunga. Il protestantesimo è venuto dopo, con la sua sete di libertà e con la folle e fanatica predicazione delle sue idee sovversive, ha sconvolto la vita fino ad allora "tranquilla" della comunità. Esso è il maggiore responsabile delle violenze che hanno funestato la Francia nel '500.

Un dominio religioso, cioè un dominio clericale, è quasi sempre una cosa detestabile, inaccettabile per la coscienza degli uomini liberi. È probabile che il cattolicesimo francese si sarebbe riformato da solo, ma la violenza calvinista lo rese sempre più intransigente e lo costrinse a confrontarsi e a cambiare in modo radicale per poter sopravvivere.

Per ridicolizzare la vanità umana Montaigne ricorre alle storie di animali tratte dalle opere di Plutarco. Chi può dire che essi non siano intelligenti? O dotati di una fine sensibilità?

Le loro prestazioni sono spesso superiori a quelle degli uomini. È noto che gli esemplari di molte specie collaborano tra loro con reciproco vantaggio. Se uno scaro (specie ittica) è sul punto di essere catturato, i compagni accorrono e divorano la lenza che lo tiene prigioniero.

Chi può sostenere che gli animali non provino rimorso e non si pentano per gli errori commessi? Si ricorda di un elefante che senza volerlo provocò la morte del suo guardiano, il dolore che l'animale provò fu così grande che si lasciò morire di fame. Noi ci sentiamo superiori a loro, ma dovremmo sforzarci di metterci al loro livello perché molto ci somigliano.

Un cane "pensa" come noi, basta osservare come si muove per capirlo, se insegue una lepre si "crea" un'immagine dell'animale e così quando la lepre è scomparsa dalla sua vista la insegue lo stesso. (Probabilmente non è il ricordo che può indurre un cane a seguire le orme di una lepre; essa non solo è molto veloce, probabilmente più del cane, ma potrebbe nascondersi nella vegetazione rendendosi "invisibile". Ma il cane ha uno strumento formidabile il suo olfatto, gli basta seguire la traccia odorosa della preda per avvicinarsi alla tana dove questa si nasconde e aspettare il momento propizio della sua uscita per attaccarla).

I primi lettori di Montaigne erano attratti da queste storie edificanti e divertenti, pieni di insegnamenti per l'uomo, la cui vanità e superbia erano colpite duramente da queste storie di "saggezza" e "intelligenza" animale.

Il XVII secolo, però, cominciò ad averne abbastanza di quest'immagine degradata dell'uomo. Che una persona fosse allo stesso livello di un pesce o di uno scarafaggio o addirittura più in basso era considerato moralmente ripugnante. Dalla metà del secolo in poi l'apologia, cioè il contenitore della maggior parte delle storie animali che si trova nei Saggi, cominciò a perdere la sua attrattiva. Gli animali non furono considerati più saggi e superiori agli uomini. La disinvoltura con cui Montaigne accettava l'errore dell'uomo, come segno della sua imperfezione era qualcosa di intollerabile e contro cui lottare ad ogni costo. Egli "smise" di essere un uomo saggio e ammirato e diventò addirittura un lestofante e un nemico dell'ordine pubblico. Le considerazioni di Montaigne sulla vita degli animali e le sue frecciate alla superbia dell'uomo furono avversate da due personaggi giunti alla fama per strade diverse.

Uno è Cartesio, per costui gli uomini hanno una coscienza spirituale e possono riflettere su ciò che fanno affermando: "io penso" gli animali no. Quest'ultimi non hanno un'anima ma sono macchine progettate dalla natura per correre, combattere, procurarsi il cibo, difendersi dai predatori, riprodursi. Incapaci di autonomia sono obbligati a un comportamento rigido, il solo possibile. Possono "fare" ciò che la natura ha "insegnato" loro e nient'altro. (Vi sono stati, tuttavia, vari ingegnosi esperimenti che smentiscono Cartesio e dimostrano che anche gli animali apprendono e sono capaci di cambiare il loro comportamento adattandolo ai mutamenti ambientali).

Montaigne era consapevole che gli uomini sono creature imperfette e dominate dall'incertezza. Tutto ciò spaventava Cartesio che aveva bisogno di certezze rassicuranti. Il pirronismo lo "obbligava" ad affermare che tutto è illusione, quindi tutto ciò in cui aveva creduto fino a quel momento non era che una menzogna. Così alla fine capì che bisognava eliminare tutte le false credenze, adottando solo le idee basate sulla logica. Nella solitudine elaborò la sua filosofia. La sua prima "scoperta" fu quella di esistere, il suo motto fu: "penso, dunque sono". Partendo da questa consapevolezza dimostrò che Dio deve esistere, e che, del concetto chiaro e distinto di Dio, Dio stesso ne è l'autore e come qualsiasi altra idea che egli "vedeva" in modo nitido doveva essere vera. Indubbiamente, questa è un'affermazione polemica contro il pirronismo che aveva scavato un solco profondo nella cultura europea. Lo scetticismo demoliva tutto, questo era intollerabile, ma anche il fideismo che spiegava tutto con il dono della grazia era inaccettabile! Cartesio, sfortunatamente, cadde nella trappola del fideismo. Paradossalmente era la forza del suo desiderio di certezze che lo rendeva "prigioniero". Ogni volta non aveva che una scelta obbligata. L'incertezza per lui non aveva nulla di attraente e non voleva passare il resto dei suoi giorni preda di un dubbio paralizzante. Curiosamente è Montaigne, più di Cartesio, ad essere più vicino alla scienza moderna. La scienza, affermando che abbiamo poche certezze (e quindi ammettendo il dubbio), è più vicina alla ragionevolezza di Montaigne che non all'ostinata presunzione di Cartesio che spiegava come sia possibile giungere sempre a una verità certa. Il dubbio è molto spesso inevitabile, ma non è una dichiarazione di resa: non è l'affermazione che una conoscenza soddisfacente sia sempre impossibile. Il dubbio metodico in realtà è un aiuto prezioso, ci invita ad essere cauti e prudenti e ad aspettare il momento "propizio" prima di giungere a conclusioni affrettate e molto spesso sbagliate. Ciò che invece è dannoso è il dubbio sistematico che costringe all'immobilità e impedisce ogni progresso. Ma se Cartesio era preda di un dubbio angosciante e alla vana ricerca di una sovrumana e impossibile perfezione, Montaigne invece riusciva a gioire dell'incertezza che domina le nostre vite e condiziona le nostre scelte.

Se Cartesio detestava il pirronismo vi era chi addirittura lo odiava: Pascal. Egli ebbe una salute gracile e una vita infernale. Fin da ragazzo si accorse di essere straordinariamente intelligente e adatto agli studi. La matematica e la fisica erano le sue materie preferite ed in queste scienze raggiunse risultati notevoli. Ma la sua vita ebbe una svolta traumatica. Mentre si trovava a Port-Royal, ebbe una visione mistica che lo avvicinò alla religione e lo allontanò dalla scienza. Nessun giorno fu più infausto per lui e altrettanto sfortunato per la fisica e per la matematica. Il suo studio sarà per sempre condizionato dalla sua debolezza e dalla sua fede dogmatica e a volte intollerante.

La devozione pascaliana, che detestava lo scetticismo e anche la fiducia cartesiana nella ragione, non fu un impedimento per la lettura dei saggi, anzi egli ne fu un accanito lettore. Ma, per lui, il pirronismo era così indigesto che ogni volta che rileggeva l'apologia la criticava ferocemente.

Lo scetticismo sembrava veramente invincibile.

Ogni tentativo di metterlo in discussione finiva col dargli ragione, perché dimostrava che qualsiasi critica, verso chiunque e qualsiasi cosa, era non solo legittima, ma perfino doverosa. Anche la neutralità finiva col "legittimarlo" poiché il rifiuto di esprimere un giudizio dava valore alla scelta pirroniana di non pronunciarsi (non mi muovo= epochè)

. Pascal così riassumeva lo scetticismo di Montaigne, quest'ultimo sottopose tutte le cose al dubbio universale, talmente universale, che questo dubbio si volge contro di lui. Dubitando di tutto, ma anche dubitando di dubitare, egli finiva col cadere in un circolo vizioso di cui non riusciva a liberarsi. Pascal detestava questa filosofia di vita che sembrava distruggere ogni certezza e quindi ogni valore: la dignità stessa dell'uomo, la nostra integrità mentale ed il mondo così come noi lo conosciamo. Quella di Pascal è una critica efficace eppure Montaigne pareva avere sempre ragione e addirittura gli sembrava invincibile. Pascal, più che scoraggiarsi, si sentiva spronato a leggere i Saggi con passione, ma più che lottare contro Montaigne, l'autore de I pensieri, lottava contro lo scetticismo che era insito in lui e di cui, forse, non ebbe coscienza. Uno dei suoi pensieri più belli sembra dimostrarlo meglio di mille parole: "...nel vedere l'accecamento e la miseria dell'uomo, nell'osservare tutto l'universo muto e l'uomo privo di luce e abbandonato a sé stesso e come smarrito in quest'angolo dell'universo ignaro di chi ve lo ha messo, di che cosa vi è venuto a fare, di cosa diverrà morendo. Incapace di qualsiasi conoscenza...". Strano "destino" quello di Pascal: combattere contro un nemico che era dentro di sé senza riconoscerlo.

Come, egli, poteva esigere di convincere lo scettico a credere, se lui stesso dubitava della sua fede? Ma più che detestare lo scetticismo, Pascal detestava l'indifferenza dell'uomo verso la sua sorte: questo lo indignava profondamente! Perché un giorno ogni uomo dovrà comparire davanti a dio per il giudizio finale, e solo allora ognuno saprà se sarà destinato alla felicità dei beati o alla sofferenza tra i dannati. Egli arrivò addirittura ad affermare che un uomo ragionevole è solo colui che ha Dio nel cuore, o che lo cerca con tutto il cuore perché non lo ha ancora trovato. Ma invece che cosa fanno gli uomini? Ma è ovvio! Pensano a divertirsi, a danzare, a suonare il liuto e questo solo per distrarsi e non pensare alla propria pochezza. Non è incomprensibile e perverso interessarsi alle cose "insignificanti" e trascurare quelle "importanti"? La sola "perfezione" che è possibile raggiungere e la sola vita degna di essere vissuta è invece quella dell'uomo che cerca Cristo, lo ama e accetta il suo messaggio di salvezza!

Montaigne, al contrario di Pascal, non cercava l'uomo perfetto, per lui i vizi e i difetti sono insiti nella condizione umana, dunque inevitabili, e noi dobbiamo trovare il coraggio di sopportarli. Sotto molti aspetti li possiamo considerare perfino una fortuna. Per l'autore dei Saggi non ci può essere felicità se ci preoccupiamo sempre del nostro destino e delle conseguenze delle nostre azioni.

Non è forse meglio vivere la propria vita senza prendersi troppo sul serio?

Pascal, per le sue tesi estremiste, divenne il bersaglio di una critica feroce. Per Voltaire, invece, gli uomini non sono così indegni come "pretendeva" Pascal: pensarlo è un'idea "fanatica"! Egli preferiva Montaigne per la sua mitezza e perché non si considerava un maestro né aveva lezioni da impartire.

Il filosofo tedesco Nietzsche lo adorava. Per lui era uno dei pochi che aveva vissuto la propria vita in modo degno, senza rimpianti, senza sensi di colpa e soprattutto senza mai dare giudizi morali.

Montaigne era convinto che anche l'uomo peggiore, il criminale più incallito, non può essere considerato interamente responsabile delle sue cattive azioni (in fondo nessuno sceglie i propri malvagi genitori!). Egli non aveva pregiudizi e accettava tutto anche ciò che era radicalmente diverso dalle sue idee e dalle sue convinzioni, senza mai rinunciare al "diritto" di esprimere la propria opinione. Così, la consapevolezza dell'imperfezione umana e di ogni cosa, l'incertezza che ci accompagna quasi sempre nel nostro agire quotidiano, l'aspirazione alla quiete dell'anima e la scelta di un ozio gioioso che predilige la libertà e la solitudine, sono l'eredità preziosa di questo pensatore eccezionale, che solo per la sua modestia si sentiva un uomo come tutti gli altri.

Nel XVII secolo i detrattori Montaigne riuscirono a danneggiare la sua reputazione. Alla morte di Pascal, due dei suoi ex colleghi, Armand e Nicole, pubblicarono un libro: "La logica di Port-Royal" dove si chiedeva alla Chiesa Cattolica l'inserimento dei Saggi nell'indice dei libri proibiti. L'appello fu accolto dalla Chiesa. Dal 1609 l'opera fu pubblicata in edizioni "monche" in patria e all'estero. Stranamente i Saggi restarono nell'indice per più di 200 anni fino al 1854.

CAPITOLO IX

Un uomo piacevole: prove di matrimonio - Françoise Chassaigne e le nozze combinate: un difficile menage coniugale – Vita femminile nella Francia del '500 – Léonor, la figlia prediletta – Un inesperto proprietario – Montaigne in campagna – Montaigne in società – Ladri e aggressori nell'età di Montaigne

Montaigne piaceva alle donne per la sua avvenenza, ma ironizzava su queste quando affermavano che preferivano gli uomini per la loro intelligenza. Dopo la morte di La Boétie amava circondarsi di una misteriosa inaccessibilità. Questo, insieme ai suoi modi gentili e al suo carattere scherzoso. Lo rendeva molto attraente per il gentil sesso. Appena aveva l'occasione di un incontro non rinunciava ai suoi piaceri specialmente se erano le donne a concederglieli. Nel tempo la sua intraprendenza venne meno, la sua energia si indebolì, ed anche la sua bellezza cominciò a sfiorire. Il peggio che possa capitare a un uomo non più tanto giovane non è tanto di essere respinto quanto quello di essere accettato per compassione. Egli non sopportava di disturbare qualcuno che non lo accettasse ma temeva anche di restare privo di passione e detestava in particolare un rapporto freddo, meccanico e privo di affetto.

Un nobile come Montaigne era obbligato a sposarsi: e allora addio alle avventure amorose! Il 23 settembre 1565 sposò Françoise de la Chassaigne, quasi certamente fu un matrimonio combinato, un fatto sorprendente per un tipo come lui amante della libertà. Sembra che Montaigne non provasse molto affetto e stima per la moglie, perché lei, caratterialmente somigliava alla madre Antoinette con cui non andava d'accordo. I contrasti in famiglia dovevano essere molto frequenti se Montaigne si assentava così spesso.

Se mentre state litigando vostra moglie si mette a urlare come un pazzo non state li ad ascoltarla ma scappate via e soprattutto evitate di provocarla per non farla infuriare ancor di più, allora fate come Montaigne che si rinchiudeva nella sua biblioteca a leggere un bel libro, ma soprattutto a trovare un po' di pace. Françoise morì di vecchiaia a 82 anni, visse molto più dei suoi figli (anche del più longevo). Quando rimase vedova di Montaigne divenne molto devota.

Un suo genero ci parla delle sue privazioni soprattutto di cibo, ella seguiva la quaresima ma solo a metà. In età avanzata ebbe un consigliere spirituale: Marc- Antoine de Saint- Bernard. Con questo religioso si spedivano lettere e si scambiavano doni. L'intimità fra di loro dovette essere così forte che nel tempo si trasformò in una profonda amicizia. Nella sua ultima lettera, Françoise gli parlava di un affare conclusosi felicemente e di cui non poteva che rallegrarsi perché Dio gli aveva concesso la possibilità di mantenere i suoi figli. La vecchiaia addolcì molto il suo carattere, ma la rese più ansiosa, a volte temeva il dolore per la perdita di una persona cara, da giovane invece era meno sensibile e molto più attratta da questioni di interesse. Nello château lei e Montaigne abitavano in due torri diverse, non si amavano molto e questo era un ottimo pretesto perché ognuno vivesse per conto proprio. La madre Antoinette occupava invece l'edificio principale: quindi, né con il figlio né con la nuora! Montaigne doveva essere molto abile se riusciva ad evitare ogni interferenza della madre nel suo ménage, in un periodo storico in cui restare soli era quasi impossibile. In compenso molti ospiti si recavano a trovarlo, bambini (stranamente) e ovviamente domestici e subordinati. Curiosamente Montaigne preferiva uscire per non incontrarli. Molto ospitale sì, ma poco interessato alle allegre compagnie.

Forse Montaigne non aveva molta voglia di prendere una moglie! Allora perché si sposò? Forse per pigrizia, per abitudine o semplicemente perché una tradizione molto discutibile, riusciva a prevalere sul suo desiderio di libertà. Ci si chiede ovviamente se, il suo fosse un matrimonio felice. Da quello che sappiamo sembrava un'unione fallimentare, altri invece affermano che la vita di quella coppia fosse normale e anzi fosse migliore di tante altre. Conoscendo la mitezza e l'intelligenza di Montaigne, Françoise poteva ritenersi fortunata, chissà quante altre donne la invidiavano e volevano essere al suo posto?! Probabilmente questa relazione aveva i suoi alti e bassi. È inevitabile e succede anche nei matrimoni più riusciti.

- Credo di non avere nessuno più intimo di te! - le scrisse Montaigne in una lettera. Strano come si possa essere così intimi quando non si dorme quasi mai nello stesso letto!

O Montaigne aveva dell'intimità un'idea diversa da quella che abbiamo noi o il suo matrimonio era vittima di abitudini soffocanti, che avevano spento in lui ogni desiderio. Probabilmente, quando Montaigne era scapolo, Françoise le appariva più piacevole e desiderabile, ma quasi certamente con gli anni divenne sempre più insofferente verso questa unione voluta   da altri contro la propria volontà. Ma il matrimonio era un male necessario per i tempi, non ci si poteva liberare da esso e allora nonostante la sua insofferenza per ogni legame e ogni costrizione egli fece di tutto perché l'unione non fallisse e anzi, egli promise a sé stesso che non avrebbe mai tradito la moglie e mantenne la promessa. Montaigne, al contrario dei suoi contemporanei non considerava la propria moglie come una fattrice, il cui scopo fosse mettere al mondo più figli possibile, pensava invece al rapporto coniugale come un legame perfetto, una magnifica fusione fisica e spirituale anche più dell'amicizia. Ma gli amici, come sappiamo, si possono scegliere, sfortunatamente le mogli, invece, erano spesso scelte da altri.

Ma quali donne erano capaci di uno scambio così intenso e così pazienti e tolleranti da poter sostenere un legame così forte e duraturo?

Montaigne non aveva molta fiducia nelle donne e quindi neppure nella propria e forse non aveva tutti i torti. Françoise, poteva sembrare la migliore fra tutte: intelligente, ottima amministratrice dei beni di famiglia, disponibile a sacrificarsi per il marito e i figli. Ma su di lei gravò un giorno il sospetto di una infedeltà verso il marito. Sembra che fra i gioielli della donna sia stata trovata una collanina appartenuta a un fratello di Montaigne e di cui Françoise ne era venuta in possesso dopo la morte di questi. Non sappiamo se lo scrittore dei saggi ne fosse a conoscenza. Ma anche se fosse stato così, conoscendo Montaigne, siamo convinti che non sia rimasto affatto turbato: era troppo saggio per indignarsi e troppo intelligente per farsi prendere dal desiderio della vendetta: Françoise, per lui, nonostante tutto, era pur sempre una persona rispettabile. Purtroppo per lei, dopo la morte di La Boétie, nessun altro prese posto nel cuore di Montaigne, neppure la moglie, anche se ella era probabilmente ancora la "migliore fra le mogli" e una donna malgrado tutto ancora un po' piacevole e desiderabile.

Nel XVI secolo le donne (o almeno gran parte di loro) era chiusa in casa e non frequentando le scuole era ignorante e quasi analfabeta, quasi tutte si sposavano molto presto e avevano molti figli. Il marito era la persona che "conoscevano" meglio dopo i propri familiari. Le relazioni sociali con altre persone erano molto rare e venivano scoraggiate in ogni modo, si voleva impedire loro ogni contatto peccaminoso. È anche vero, però, che molte famiglie aristocratiche chiamavano dei tutori per dare alle figlie un'istruzione non certo di alto livello: le materie insegnate erano francese, musica e un po' di matematica elementare utile al ménage familiare. Vi era anche chi era interessato all'emancipazione femminile e non solo donne. C'era una disputa accesa fra due correnti di pensiero, alcuni sostenevano che la condizione femminile fosse migliorata, altri, la maggioranza, sosteneva che nulla fosse cambiato. Montaigne era considerato misogino, ma sosteneva che le donne fanno bene a contestare le leggi della società poiché non sono state loro ad approvarle. Come gli uomini, le donne hanno le stesse inclinazioni per i piaceri della vita e le stesse debolezze tuttavia a loro era proibito ciò che agli uomini era concesso. Se è difficile ascoltare una buona opinione degli uomini sulle donne e viceversa, è sorprendente sapere che all'epoca le donne avevano verso sé stesse i medesimi pregiudizi degli uomini. La sola consolazione che si può provare davanti alle ingiustizie che da sempre le colpiscono è sapere che nelle stanze della propria casa esse erano libere di fare quasi tutto ciò che era loro gradito, come gli uomini del resto.

A volte è necessario avere una moglie, dei figli e degli amici, ma non ci si può permettere che la felicità di un uomo dipenda solo da questo possesso. Montaigne aveva perso il suo migliore amico, il padre, il fratello e quasi tutti i suoi figli, che tranne Léonor, morirono prima di lui, alcuni addirittura in tenera età. Ma dover provare dolore non significa non poter far nulla per combatterlo. Paradossalmente il fatto che spesso all'epoca i figli morissero molto presto permetteva di affrontare meglio la sofferenza: non vivevano abbastanza perché ci si potesse affezionare. Anche Montaigne sembrava uno dei padri meno sensibili: verso il 1575 scrisse che erano nati due suoi figli, ma non ricordava quando. Aveva avuto un figlio maschio, l'erede designato, ma lui preferiva Léonor che oltretutto era in buona salute (nacque nel 1571 e morì nel 1616), si sposò due volte ed ebbe due figlie. Montaigne nonostante l'affetto le lasciava la libertà che desiderava. Una volta sorprese la governante ad impartirle un insegnamento che riteneva sbagliato, ma non volle assolutamente intervenire, era certo che sarebbe stato preso in giro e costretto ad andarsene. Léonor era più piccola della sua età e rimase esile fino al matrimonio, aveva scarsi contatti sociali e di ciò Montaigne incolpò la moglie. Egli cercava di assicurarle un'infanzia felice come la sua, non la rimproverò mai: per lei sempre parole dolci.

La critica più severa considerava Montaigne un po' insofferente, oltre che gelido verso i propri cari, un ritratto davvero troppo severo per chi lo conobbe da vicino. Per questi ultimi invece era molto legato alla famiglia e abbastanza affettuoso. La moglie e i figli invece lo trattavano in modo rude; la colpa in gran parte era sua se in casa si sentiva inutile. Era un marito molto tradizionale che lasciava alla moglie la gestione del ménage familiare e non raramente quello della proprietà. Françoise era molto disponibile a farlo, quando Montaigne era lontano o in viaggio per i suoi incarichi politici e diplomatici. Se il marito era in casa preferiva oziare, e nemmeno i compiti che spettavano a lui riuscivano a smuoverlo dalla sua pigrizia che inevitabilmente suscitava l'indignazione dei suoi cari. Quando per qualche ragione gli chiedevano aiuto egli lo negava e alle loro insistenze scappava via per occuparsi delle proprietà. Lo faceva malvolentieri ma doveva farlo, i terreni coltivati producevano decine di migliaia di litri di vino, una fonte notevole di reddito. Il gelo danneggiò la produzione nel 1572, 1573 e 1574. Un altro anno disastroso per la raccolta dell'uva fu il 1586. Montaigne grazie alle sue ottime relazioni riuscì a vendere il poco vino prodotto, ma lui di agricoltura non capiva quasi niente, mancava delle conoscenze elementari per ottenere un buon prodotto, oltre a ignorare completamente i segreti della fermentazione. Più che un proprietario terriero esperto e consapevole, sembrava uno sprovveduto capitato lì per caso in campagna a svolgere una professione di cui non era appassionato. Faceva tutto svogliatamente e solo se non poteva farne a meno. Uno dei suoi motti preferiti sarebbe stato " vivi e lascia vivere"; un altro sarebbe potuto essere " se funziona lascialo stare, ma se non funziona non sai come fare! ".

Montaigne non leggeva mai un contratto anche se da persona colta poteva capirlo! Ma valeva la pena se qualcun altro poteva farlo al posto suo? Soprattutto si annoiava quando non era lui a scegliere cosa fare. La sua "incapacità" e "incompetenza" erano stupefacenti, ma soprattutto ridicole per un uomo della sua intelligenza! Affermava, furbescamente e con malizia, di non saper contare né con i gettoni né con la penna, e di ignorare il valore delle monete, come pure le varietà di grano che i suoi contadini certamente conoscevano, a malapena sembrava riuscisse a distinguere un cavolo da una lattuga così come fingeva di ignorare il nome degli utensili di casa, delle arti meccaniche e del commercio e confessava tutta intera la sua vergogna affermando con ironia di ignorare che con il lievito si fa il pane. Evidentemente chi lo circondava pretendeva di burlarsi della sua persona, ma era invece lui che, molto più intelligente, si prendeva gioco di loro.

Al contrario, apprezzava tutti quelli che mostravano "senso pratico" di cui egli era sprovvisto. Qualunque obbligo lo irrigidiva ancor di più poiché riteneva di non avere né padroni né superiori.

Quante volte sua moglie lo avrà rimproverato per la sua inettitudine?! Se non sapeva contare il proprio denaro la gente non pensava che fosse ingenuo ma che fosse stupido, e quindi, ne approfittava. Forse per lui essere derubato dei propri soldi era meglio che perdere tempo a contarli fino all'ultimo centesimo.

Montaigne sentiva la fatica del vivere, avvicinandosi la fine cercava qualcuno a cui offrire la gestione delle sue terre, un genero... magari!!! Poi cambiò opinione. L'idea che le sue proprietà finissero in mani estranee non lo attirava più, voleva essere ancora lui insieme ai suoi cari a godere delle ricchezze ereditate. Ma se i redditi erano di tutta la famiglia, le responsabilità gravavano quasi sempre sulle spalle della moglie e dei figli. Incapace di fare a meno dei guadagni dei suoi cari, stranamente, pensava a volte a una vita solitaria e totalmente indipendente. Sarebbe stato felice di fabbricarsi tutto da sé: cucirsi i vestiti che avrebbe indossato, le scarpe che avrebbe calzato e prepararsi i pasti per il proprio nutrimento. Ma poi rinunciò a queste assurde pretese e capì che se fare tutto da sé è impossibile, non fare nulla è inaccettabile. Allora è meglio farsi venire la voglia di fare qualcosa e anche se non si è molto capaci e competenti è pur sempre meglio dell'ozio assoluto. Montaigne pur avendo molto, si accontentava di poco! Quelli come lui sono così abili ad adattarsi facilmente alla società in cui vivono e in un modo tale che, un mutamento politico, un moto rivoluzionario o un'improvvisa povertà, non riescono a sconvolgere la loro vita. Ma questi uomini sono incapaci di un affetto profondo e non si concedono mai completamente ad un'altra persona (eccezion fatta per il rapporto di amicizia tra lo scrittore e La Boétie).

A volte Montaigne preferiva una vita appartata, altre stare in società. Conversare era la sua passione, a tal punto che preferiva essere cieco piuttosto che muto e sordo. I libri per lui erano meno importanti delle persone e parlare più interessante che leggere, perché chi vive appartato non è in grado di vedere al di là del proprio naso. Amava molto il dialogo ma sfortunatamente, per chi a volte doveva ascoltarlo, era molto suscettibile e se si appassionava a un argomento diventava incontenibile.

La saggista inglese Bakewell scrive che era un "tipo sconveniente", non sappiamo cosa significhi esattamente. Forse diceva parolacce? Oppure si esprimeva con altre parole e così offensive e sgradevoli da disgustare i presenti?

Indubbiamente, se sentiva la necessità di usare un linguaggio da caserma "dimenticava" di essere un gentiluomo. In ogni caso, c'è da notare un fatto interessante: in casa sua ognuno era libero di esprimersi con il linguaggio che preferiva, anche il più imbarazzante. Se lui era disposto a concedersi tale "libertà" non c'era alcuna ragione perché agli altri fosse negata! Odiava le ipocrite convenienze, il timore di dire ciò che si pensa per non compromettere la propria reputazione. Ma la reputazione dei bugiardi non può essere buona!

In sua compagnia era possibile tacere, appartarsi se l'argomento o l'interlocutore non erano graditi, senza che qualcuno potesse avere qualcosa da ridire o addirittura offendersi. Montaigne odiava le chiacchiere "vuote", i discorsi altisonanti che cercava di scoraggiare, ma non poteva, ovviamente, tappare la bocca a chiunque volesse manifestare il proprio pensiero. A casa sua era proibito zittire l'interlocutore qualsiasi cosa potesse dire, ma, se il dialogo era gradito, il monologo non lo era altrettanto. Se qualcuno parla da solo è come se parlasse solo di sé, è un vanitoso e un esibizionista. Molti amici di Montaigne potevano parlare delle ore ed erano molto abili a farsi ascoltare, ma per lui non era giusto impiegare tutto il tempo disponibile per il proprio discorso, impedendo di fatto agli altri di dire qualcosa. A volte si annoiava, ed era come se si isolasse dai presenti, non li ascoltava più, tuttavia se qualcuno lo svegliava dal suo torpore chiedendo la sua opinione sull'argomento di cui si discuteva, egli rispondeva con ridicole stupidaggini indegne del suo prestigio. Nonostante tutto, Montaigne sembrava la persona migliore con cui conversare. Aveva tutte le qualità per affascinare: una grande intelligenza, una deliziosa vivacità di spirito e una classe scintillante.

Montaigne, pur vivendo in compagnia, non apprezzava i giochi di società, le poesie improvvisate, i giochi di carte, i rebus, neppure gli spettacoli gli erano graditi.

Si incuriosiva invece per la nascita di bambini deformi o privi di arti o di testa, come pure per gli avvenimenti insoliti e sorprendenti. Come quel giorno che incontrò un uomo veramente eccezionale: privo di braccia e soltanto con le dita dei piedi caricava una pistola e sparava, scriveva, infilava un filo nell'ago.

Nel suo castello raramente Montaigne era solo. La sua abitazione assomigliava a un mercato disordinato e chiassoso: all'esterno i cavalli scalpitavano, le galline razzolavano, i cani abbaiavano festosi. La sua dimora rimaneva sempre aperta per chiunque perfino in tempo di guerra quando i pericoli si moltiplicavano e, un ladro, un malintenzionato o un soldato potevano intromettersi nella sua proprietà cercando di derubarlo o ucciderlo. Era straordinariamente coraggioso ma altrettanto ingenuo a fidarsi di chiunque. Ancor più sorprendente è il fatto che i visitatori si attardavano a casa sua fin oltre la mezzanotte.

Che cosa facevano nelle sue stanze mentre il padrone di casa dormiva? Forse erano accolti cordialmente dalla moglie Françoise e, dopo aver cenato, si intrattenevano a parlare animatamente con lei ed inevitabilmente il loro brusìo disturbava il riposo notturno di Montaigne.

Quante volte, in preda all'angoscia e al terrore, si sarà svegliato durante la notte udendo le voci concitate, le urla, il baccano infernale, con il timore di essere depredato dei propri averi o soppresso da un ubriaco o da un pazzo?! Certo che Montaigne era un tipo per lo meno singolare!

In quel periodo, nelle lande francesi vi era un numero molto elevato di ladri e assassini. Chi poteva escludere che uno di questi non potesse far parte dei graditi ospiti che si erano recati a casa dello scrittore? Per fortuna non successe mai niente di grave. Il pericolo di essere derubati costringeva i proprietari a incaricare dei guardiani per proteggere l'uva e i frutti maturi o davanti alle porte delle case per impedire le rapine. A volte erano i cani l'ultimo baluardo contro un assalto banditesco. Montaigne, invece, riteneva che le dimore fortificate fossero un bersaglio privilegiato per ladri e scassinatori molto più delle abitazioni prive di difese. Paradossalmente aveva ragione, la sua casa era stata meno visitata delle dimore protette. Montaigne prendeva esempio da Seneca secondo cui le serrature attirano i ladri che invece trascurano le porte spalancate. Era una sfida continua tra chi non voleva essere derubato e chi ci provava continuamente, con i secondi che spesso riuscivano nel loro intento.

Montaigne però non solo non aveva paura, ma ingenuamente invece affermava: "se mai vi capitasse di ospitare qualcuno: fatelo con allegria e senza diffidare, riuscirete così a disarmare chiunque anche se il nemico può nascondersi dappertutto".

Come potete essere certi che il vostro servo non stia per tradirvi?

Lo scrittore, un giorno, ebbe la cattiva idea di ospitare dei soldati, questi lo minacciarono intimandogli che avrebbero preso con la forza la sua tenuta, ma poi vi rinunciarono. Un'altra volta fu assalito da un gruppo di banditi, derubato e sequestrato a scopo di riscatto. Tuttavia i malviventi non riuscivano a mettersi d'accordo sulla cifra da richiedere alla famiglia. Montaigne approfittando del loro disaccordo e con incredibile coraggio (aveva rischiato la pelle) disse loro che non avrebbero ricevuto nulla più di quanto gli era stato già sottratto fino a quel momento. Il capo dei banditi, allora, ammirando la sua audacia, si tolse la maschera e andandogli incontro con un sorriso: lo liberò. I banditi, inoltre rinunciarono al bottino della rapina che gli fu restituito.

CAPITOLO X

Dilemmi morali – Leonardo Woolf: "contro le crudeltà "– Strani costumi – Un incontro piacevole – Viaggi di conquista nel nuovo mondo: Francia, Spagna e Inghilterra verso le Americhe – Léry: un'esperienza scioccante – I "Tupinamba" e i francesi: una conoscenza sorprendente – L'ideale del buon selvaggio – Rousseau e l'educazione nella natura – Un uomo "grande" e arrogante – Imitazioni rousseauiane.

Montaigne si chiedeva spesso quale fosse l'atteggiamento migliore per salvarsi combattendo contro un nemico temibile e pericoloso.

È meglio sfidarlo e suscitare la sua ammirazione per il coraggio dimostrato, e sperare in un gesto di clemenza? Oppure è meglio sottomettersi implorando pietà e salvarsi la vita?

In breve: è meglio essere coraggiosi o vigliacchi?

Montaigne ci offre qualche esempio. Una volta, Scanderbeg, l'eroe albanese, stava per uccidere un soldato, che implorò il suo perdono, ma il comandante era deciso a sopprimerlo. Non c'era altra possibilità di salvezza, se non affrontare Scanderbeg in duello o offrirsi come vittima sacrificale. Allora, il soldato decise di combattere, così aveva almeno qualche possibilità di sopravvivere. Scanderbeg ammirato per il suo coraggio lo lasciò andare.

A volte, non è solo il perdente a rischiare, ma anche il vincitore.

Se non vuole infierire sul vinto e magnanimamente gli concede la salvezza, può apparire troppo debole e mettere a repentaglio la propria vita, se, al contrario, si mostra intransigente e spietato potrebbe suscitare odio e desiderio di vendetta. In teoria il cristianesimo offre una soluzione ideale ai grandi dilemmi morali: il vincitore dovrebbe mostrarsi sempre compassionevole e generoso, il vinto non odiare il vincitore, perdonarlo e rinunciare alla vendetta porgendo l'altra guancia (con la speranza di non essere colpito nuovamente!). L'epoca di Montaigne era un'epoca drammatica, vi erano guerre di religione, lotte cruente per la successione al trono di Francia, alcune donne venivano accusate di stregoneria, perseguitate e messe sul rogo come gli eretici. Molti fanatici cristiani non avevano compassione per le loro vittime.

Che cosa impediva loro di essere tolleranti e di amare il prossimo se, com'è ovvio, il cristianesimo è la religione dell'amore? Perché c'erano odi così profondi e vendette così spietate verso vittime molto spesso innocenti?

Ai tempi di Montaigne, un soldato, anche cristiano, combattendo doveva comportarsi come una belva scatenata, nessuna pietà verso chiunque neppure se chi stava per soccombere era inerme davanti al vincitore.

Montaigne elogiava la benignità e la moderazione anche in battaglia. I più sanguinari si giustificavano dicendo di essere costretti a farlo dall'incitamento degli altri. Ma noi abbiamo il dovere di togliere loro questa scusante.

Lo scrittore disprezzava la violenza del fanatismo, così come la crudeltà, anche quella verso gli animali.

Conversando con degli indios brasiliani egli confidò la sua sorpresa nel sapere che essi consideravano i propri simili una parte di sé e si stupivano nel sapere che i ricchi europei si ingozzavano mentre i poveri aspettavano dietro la porta per ricevere le briciole. Tutti gli esseri umani hanno qualcosa in comune con i loro simili e con gli altri esseri viventi: a tutti dobbiamo il nostro rispetto e la nostra generosità evitando, possibilmente, ogni violenza.

Leonard Woolf ammirava molto Montaigne e i Saggi. Per costui, il francese fu il primo uomo al mondo a contrastare la crudeltà in modo deciso. All'inglese il dilemma se essere compassionevole o crudele, si presentò durante l'infanzia. Da bambino gli era stata fatta una richiesta assurda cioè affogare dei cagnolini appena nati in una vasca d'acqua. Lui obbedì. Ma quando immerse il primo cagnolino nella vasca spingendolo giù, questo cominciò ad agitarsi furiosamente per non affogare. All'improvviso, egli pensò che cosa avrebbe provato se fosse stato al posto della bestiola e rabbrividì per la sua crudeltà. Tolse il cucciolo dell'acqua e lo salvò. Da quel momento considerò orrendo e incivile sopprimere ogni creatura indifesa.

La virtù di condividere sentimenti, abitudini e punti di vista con un nostro simile, può essere innata o appresa con l'esercizio. E poiché l'abitudine rende tutto scontato e monotono, guardare il mondo con gli occhi di un altro può stimolare interesse e curiosità. Nel Saggio "della consuetudine" e "dei costumi antichi" Montaigne parla di territori nei quali era micidiale allattare il giorno della nascita, dove i genitori, giunti a una certa età, venivano assassinati dai loro figli o delle strane abitudini di alcune tribù peruviane che si stirano le orecchie. Probabilmente queste persone ci possono apparire bizzarre, tuttavia se fossimo nati tra loro, non sarebbe affatto così. Montaigne aveva incontrato degli indigeni Tupinamba a Rouen. Doveva essere sorprendente per questi "selvaggi" osservare i francesi completamente vestiti mentre loro erano quasi tutti nudi. I francesi dopo questo incontro cominciarono ad assaggiare dei cibi fino ad allora sconosciuti: peperoni piccanti, cacao, patate, mais, pomodori e usare prodotti poco salutari anzi decisamente dannosi come il tabacco. Nei territori indigeni vi erano anche miniere d'oro e d'argento che accendevano la cupidigia dei cercatori. In breve, vi era una ricchezza potenziale decisamente interessante. Per alcuni il grande continente poteva essere considerato come la "terra promessa" così molti decisero di fare il grande salto e sbarcarono sulle coste del "nuovo mondo" formando delle colonie. Le prime comunità a essere fondate furono quelle spagnole a cui seguirono quelle inglesi. Queste conquiste furono possibili perché la Spagna e l'Inghilterra avevano raggiunto l'unità nazionale ancor prima della Francia. Anche la nazione transalpina, verso la metà del'500, inviò dal Porto di Bordeaux le sue navi verso il nuovo mondo, ma non riuscì ad insediarsi in modo definitivo. Vari furono gli inconvenienti che impedirono la conquista ma il motivo principale furono le guerre religiose che, danneggiando l'economia, impedirono il finanziamento delle spedizioni.

Montaigne era contrario alle colonizzazioni ma attratto dagli indigeni di questi posti. La sua ammirazione per i nativi lo indusse a collezionare oggetti di loro produzione e comprendenti spade e braccialetti di legno. Leggeva volentieri tutti i libri che riguardavano questi popoli. Il saggio più interessante fu il diario di un viaggio fatto in terra brasiliana dal protestante francese Léry. Costui era un puritano e il primo contatto che lui ebbe con i popoli amerindi fino ad allora sconosciuti dovette essere quasi scioccante. Al suo sguardo incuriosito questi indigeni si presentavano completamente nudi, tutto il contrario dei francesi con il loro vestiario complicato. Ma questa usanza non era certamente una virtù, era invece decisamente molto più interessante il coraggio che gli indios mostravano in battaglia, combattendo con spade magnifiche. I Tupinamba non esitavano a far scorrere il sangue se necessario, ma sempre per onore e mai per la conquista di beni materiali. Una sera Léry fu svegliato, mentre riposava sull'amaca, da un uomo che teneva in mano qualcosa agitandola con un gesto in apparenza minaccioso. Era un piede umano arrostito alla brace, egli scattò in piedi visibilmente scosso tra gli sguardi divertiti dei Tupinamba. In seguito "i selvaggi" gli fecero notare l'assurdità di tale reazione. "Il cannibale" aveva cercato di farlo partecipare a un banchetto di carne umana come prova di amicizia e generosità. Qualsiasi altro visitatore europeo, un poco più sensibile, umano e ragionevole di Léry sarebbe scappato via disgustato da quell'orrendo spettacolo, ma egli non lo fece, anzi dopo essersi ripreso dallo spavento non mancò di considerare quei primitivi come amici degni di fiducia nonostante tutto. Evidentemente cominciava a essere affascinato da questi popoli e dai loro macabri riti, più di quanto non lo fosse dei suoi connazionali francesi da lui considerati degenerati e traditori. Indubbiamente queste usanze arcaiche e feroci, incomprensibili per gli europei, mettevano in cattiva luce questi popoli e la loro rozza violenza. Non è dunque sorprendente come i ben più civili e raffinati popoli occidentali (almeno da un certo punto di vista) possano provare ammirazione e simpatia per gli indigeni e desiderare di viverci insieme?!

Anche Montaigne mise in dubbio la pretesa superiorità della civiltà europea paragonata alla vita semplice dei popoli indigeni, per la verità, gli indios erano molto arretrati, erano analfabeti e non conoscevano i numeri. Fra di loro non vi era nessun giudice per amministrare la giustizia, nessuna carica politica per comandare, non c'erano né servi o padroni, né ricchezza o povertà, nessun contratto per regolare la vita della comunità, nessuna spartizione di beni, nessuna occupazione se non piacevole, nessun rispetto della parentela oltre a quello ordinario, nessun metallo o attività agricola. Parole quali: "dissimulazione", "menzogna", "avarizia", "diffamazione", "tradimento", "perdono" non si erano mai udite tra loro. L'idea prevalente e abbastanza ingenua, era che le persone vivono meglio e più felicemente se hanno poco e non ci sono tante complicazioni. Montaigne affermava che la gente selvaggia mantiene intatta la propria purezza.

I Tupinamba erano in grado di compiere azioni straordinariamente coraggiose, perché non falsate dall'avidità di possesso o di conquista. Erano però accusati di atti di cannibalismo che per noi moderni sono estremamente degradanti, ma per Montaigne erano la prova di un comportamento puro, non corrotto dalla civiltà. Lo scrittore ci narra di un prigioniero "indio" condannato a morte che durante l'attesa dell'esecuzione si mise a cantare incitando i carnefici Tupinamba a non esitare; tutto quello che stava per accadere sembrava perfino rallegrarlo. Il condannato ricordò che la sua tribù, in passato, si era cibata della carne degli avi dei carnefici, adesso toccava a lui essere sacrificato: ma era la loro stessa carne quella che avrebbero mangiato!

A Montaigne piaceva questo atteggiamento stoico, quasi sfrontato, la vittima non invocava pietà, ma chiedeva ai suoi assassini di far presto. Tali fatti appaiono straordinari, ma sarebbero ordinari se tutti gli uomini seguissero le loro inclinazioni. Ovviamente molti lettori saranno indignati per l'atteggiamento di Montaigne: che si possa considerare amici simpatici degli assassini così spietati e crudeli non è una cosa incomprensibile?! Non era lui il nemico supremo della crudeltà ed in genere di ogni violenza e il difensore della libertà di ogni uomo?!

Per coloro che stimano Montaigne sono però l'ipocrisia e l'abitudine che inducono a considerare come "accettabili" altre "pratiche omicide" largamente diffuse nella società francese del tempo e inaccettabili solo quelle dei selvaggi.

Vi è tanta differenza fra un uomo in attesa di essere mangiato dai cannibali e una strega bruciata sul rogo?

Se è ripugnante considerarsi amico di selvaggi assassini lo è altrettanto concedere i propri favori ad un fanatico estremista (come Enrico di Guisa o l'altrettanto spietato Enrico IV° amico di Montaigne che aveva dichiarato guerra alla Spagna) solo per il proprio tornaconto. Educare l'uomo al rispetto dell'altro, alla tolleranza è molto difficile.

Chi può escludere che un certo tipo di educazione non renda l'uomo peggiore? Gli "arretrati" Tupinamba erano altrettanto violenti dei francesi "civilizzati", ma a differenza di questi erano più generosi, sinceri, onesti e privi di invidia.

Certo, il comportamento brutale di questi popoli doveva esercitare uno strano fascino su Montaigne anche se lui si considerava (ed era giudicato) come un uomo dolce, tollerante, pacifico, per nulla incline alla violenza. La descrizione nei Saggi dei loro riti sanguinari fa rabbrividire: prendevano i loro prigionieri buttandoli tra le fiamme, poi ancora vivi e li ritiravano dal fuoco per strappare loro il cuore e gli intestini; le donne venivano scorticate vive e con la pelle sanguinante modellavano delle maschere con cui nascondere il loro volto.

Nel 1724, in pieno Illuminismo, una nuova edizione dei Saggi appariva in Francia. Questi erano stati inseriti nell'indice dei libri proibiti circa un secolo prima. Il volume, stampato in Inghilterra da Pierre Costa (protestante francese perseguitato in patria), fu introdotto in Francia di nascosto. A questa edizione dei Saggi venne aggiunta la "servitù volontaria" di La Boétie. Per quanto possa sembrare incredibile, i Saggi furono apprezzati più in Inghilterra che in Francia. Varie, furono, le versioni inglesi, tutte più o meno valide. I lettori d'oltre manica, così, poterono conoscere e stimare lo scrittore francese. Stranamente, Montaigne assomigliava a loro (questo è almeno quello che pensavano): un uomo libero, originale, sorprendente e qualche volta perfino bizzarro. C'è da dire che quest'amore non era affatto ricambiato. Non c'è nessun passo dei Saggi in cui egli mostri una particolare predilezione per il popolo inglese o in cui egli manifesti il desiderio di andare a visitare l'Inghilterra, né tantomeno di abitarci. L'edizione di Costa, tuttavia, non fa che confermare l'ottima impressione che molti lettori francesi ebbero verso l'opera. Non sappiamo, però, se questa favorevole accoglienza fu dovuta a delle aggiunte, manipolazioni, o semplicemente al nuovo clima culturale creato dalla società illuministica che esaltava la libertà contro la tirannide. In quest'opera, secondo i suoi ammiratori, Montaigne sotto la maschera del gentiluomo dai modi affabili nascondeva un animo ribelle. Il saggista si presentava nella veste insolita di filosofo illuminista, ben due secoli prima che l'Illuminismo si affermasse in Francia. La descrizione dei "suoi" crudeli ma amati ed "eroici" Tupinamba entusiasmò i lettori del'700: l'ideale del "buon selvaggio" cominciava a farsi strada nella società francese.

Diderot (il grande enciclopedista francese) rimase folgorato dalla lettura dei Saggi, infatti, nell'opera "Ritorno alla natura" esaltò i popoli del sud pacifico che, come i Tupinamba, conducevano una vita di rozza semplicità. Per l'illuminista: la natura era il paradiso in cui si dovrebbe vivere, la civiltà europea l'inferno da cui si dovrebbe fuggire; esattamente ciò che i francesi amavano credere e far credere.

L'ideale del "buon selvaggio" trovò in Rousseau il suo cultore appassionato, ma per il filosofo la "vita semplice" era solo un'utopia. Se la "società perfetta" ancora non esisteva, il mondo moderno, invece, era il luogo della suprema corruzione e schiavitù. Il carattere distintivo dell'opera dello scrittore ginevrino è l'esaltazione della libertà espresso nell'opera "Sull'origine dell'ineguaglianza". Questo ideale supremo si può esprimere in pieno solo in mezzo alla natura (che il ginevrino ama profondamente); essa è una madre generosa che fa "dono" all'uomo di ciò che chiede e di cui ha bisogno. È vero che le dure condizioni in cui si sarebbe costretti a vivere, se si seguissero i consigli del ginevrino, potrebbero scoraggiare l'uomo civilizzato, in realtà questa vita molto faticosa e impegnativa tempra l'individuo rendendolo più forte. L'uomo primitivo è più robusto, più resistente alle malattie, può affrontare le bestie selvagge combattendo quasi ad armi pari, non possiede attrezzi da taglio ma le sue braccia possono spezzare grossi rami. L'uomo civilizzato è, invece, un essere degenerato, debole, triste e privo di speranza. I suicidi inesistenti tra i primitivi sono molto più diffusi fra i popoli moderni. Se, a una prima lettura, la prosa di Rousseau può entusiasmare, man mano che si scorrono le pagine cominciano ad emergere alcuni difetti dell'opera: la retorica pomposa è davvero irritante specialmente se protesa alla irragionevole esaltazione di popoli con cui lo scrittore ginevrino aveva poche frequentazioni. Ma Rousseau non aveva tutti i torti se elogiava la sensibilità dei primitivi e criticava la "freddezza" degli europei. Fra gli indigeni, se qualcuno ha dei bisogni da soddisfare o è in grave pericolo, tutti accorrono a prestare il loro aiuto, invece, vivendo fra persone civili (come ci riteniamo noi occidentali) si diventa indifferenti ai bisogni dei nostri simili. La civiltà non solo ci rende corrotti e insensibili ma ci rende schiavi; la libertà è possibile solo nello stato di natura e noi smettiamo di essere liberi allontanandoci dallo stato selvatico (una tesi molto discutibile per la verità). Non è un'affermazione sciocca sostenere che una vita primitiva è preferibile a una vita civilizzata? Ma Rousseau non è disposto ad accettare nessuna critica e va dritto alla meta e questo gli basta! E in poco tempo diventa uno scrittore di culto. L'opera di Rousseau esalta la vita, "semplice", "pura", "innocente", quella di Montaigne, invece, non ha un fine particolare: per questi ogni opinione è rispettabile, ogni punto di vista accettabile. In effetti molti giudizi sulle cose e sulle persone sono falsati dall'interesse, dall'invidia, dalla simpatia e dalle inclinazioni personali. Raggiungere la verità è spesso molto difficile e a volte impossibile, raramente quindi il giudizio è infallibile: si può sbagliare per mancanza di memoria, per disattenzione o perché un'emozione troppo intensa ci impedisce di vedere le cose obiettivamente. La sola possibilità che abbiamo di sfuggire all'errore è ammettere di poter sbagliare, accettare i propri limiti e non provare a fare qualcosa di troppo difficile per le capacità che possediamo.

Rousseau era un lettore accanito dei Saggi. L'opera in cui più si avverte l'influenza dell'opera di Montaigne è l'"Emilio": un libro sull'educazione dei bambini. In quest'opera, Rousseau, insiste ancora una volta sul concetto di libertà: per lui, una vera ossessione! A suo giudizio essa è una naturale inclinazione dell'uomo: non si può sceglierla o cercare di conquistarla.

Ma se questa è il valore supremo di ogni uomo, quale migliore occasione per aiutare un bambino a scoprirla se si è un padre o un maestro sensibile e attento?!

La libertà non è il solo dono che si può concedere a un bambino, i piccoli hanno anche bisogno di gentilezza, poiché solo così si favorisce la naturale inclinazione a esplorare il mondo con i loro mezzi. Quindi nessuna costrizione: ogni limitazione della libertà è odiosa e soffoca la loro spontaneità.

Stranamente Rousseau in contraddizione alla sua idea di libertà e contrariamente a ciò che potrebbero pensare i cultori di questa, consiglia di educare i bambini ai lavori manuali nonostante l'età troppo acerba e la debolezza del corpo. Rousseau scrisse un'altra opera famosa "Le Confessioni" che assomigliano molto ai Saggi. Si tratta in parte di un'autobiografia, ma l'autore fa capire che, per la sua composizione, non deve nulla all'opera di Montaigne né a quelle di chiunque altro. Nelle Confessioni c'è la cronaca fedele della vita dell'autore a partire dall'infanzia: una toccante rivelazione dei suoi segreti più intimi.

Rousseau si sentiva un uomo eccezionale e non faceva nulla per nasconderlo: credeva di essere superiore a tutti quelli che aveva conosciuto e perfino a tutti gli altri. Montaigne, invece, si considerava un uomo ordinario; molto contento di offrirsi come termine di paragone per chiunque.

Se la gente, infatti, non scoprisse una parte di sé nei Saggi perché li dovrebbe leggere?

Che Rousseau fosse molto attratto dai Saggi era è del tutto evidente. Ma la sua ammirazione non l'avrà forse spinto a copiarli?

Don Joseph Cajot scrisse un'opera significativamente intitolata "I plagi di Rousseau sull'educazione". Un altro: Bricaire de la Dixmerie inventò addirittura un dialogo in cui Rousseau ammetteva che le accuse contro di lui erano vere sottolineando la parsimonia di Montaigne nell'uso delle parole (sic!), e il suo "distacco" nel trattare gli argomenti preferiti, contrariamente a Rousseau, che, invece, è molto più prolisso e pieno di passione.

Ma, queste caratteristiche, non erano forse in contraddizione con la tesi rousseauiana, la quale affermava che vivere in mezzo alla natura in modo semplice, genuino e incorrotto fosse da preferire alla civiltà?!

CAPITOLO XI

Famosi lettori dei saggi – La mediocrità come "prova" della grandezza umana e della vera nobiltà – La terza guerra di religione – La morte di Coligny e la strage di S. Bartolomeo – Enrico III: un re incapace – Montaigne e le guerre "dolci" e "benigne" - Il decalogo per il buon vivere

I lettori di fine '700 e inizio '800 si appassionarono ai Saggi di Montaigne, uomo stimabile per la sua onestà, il suo conformismo e il suo amore per la libertà. L'opera dello scrittore, in mano ai romantici, divenne un incitamento alla rivolta ed egli un eroe rivoluzionario.

"Addio" quindi all'uomo saggio, equilibrato, misurato, abbiamo ora invece a che fare con un uomo sorprendente e dalle qualità straordinarie di cui "ignoravamo" l'esistenza. I lettori romantici vedevano in lui anche uno psicologo di primo ordine: quale altro scrittore è stato così capace di conoscere sé stesso e di scendere nella profondità del proprio cuore, rivelando in modo affascinante la possibilità che tendenze opposte e conflittuali possano coesistere nello stesso individuo?!

Forse aveva scoperto il segreto per farle convivere in modo armonioso.

Un altro motivo della loro ammirazione era la capacità del saggista di scrivere spontaneamente senza seguire uno schema prefissato. Ma il motivo principale del gradimento verso il filosofo era l'amicizia che lo legava a La Boétie: era un amico, forse molto più di un amico, un fratello e quasi più di un fratello, poi lui morì in modo tragico e il legame si sciolse. Per la scrittrice George Sand questa era l'amicizia ideale, poetica e intessuta di spiritualità, ma questo per lei era quasi il solo pregio dell'autore dei saggi, per il resto, dopo un iniziale entusiasmo, Montaigne l'aveva profondamente delusa.

I romantici si erano innamorati di Montaigne, ma probabilmente lui non si sarebbe innamorato di loro. Erano eccessivi in tutto e quasi violenti nelle loro emozioni e nelle loro pretese.

Come si poteva conciliare l'ideale classico che "insegue" la serenità e la pace del cuore con l'ideale romantico che indicava tra le proprie aspirazioni il sacrificio fino all'eroismo?

Montaigne invece non amava gli eccessi violenti o l'obbligo di fare qualcosa solo per il piacere altrui, ma in tal modo si esponeva inevitabilmente agli attacchi dei suoi critici più estremisti.

Anche il poeta La Martine rimase deluso dai Saggi: le prime letture lo entusiasmarono poi il suo amore si mutò in odio e "disprezzo" e, quando cominciò a conoscere il dolore della vita, Montaigne gli apparve troppo distaccato, troppo gelido e, perfino l'equilibrio e la compostezza che mostrava gli erano quasi disgustosi. L'ideale romantico amava: la malinconia, la folgorazione che rende ciechi, la capacità di immedesimarsi nella vita di un altro. I romantici consideravano gli individui come amici o nemici. La neutralità e la moderazione erano inconcepibili, cadere in estasi era la sola possibilità di comporre una poesia, affrontare una battaglia, innamorarsi.

Invece, Montaigne era la persona meno adatta a provare queste sensazioni, le doti che amava erano la moderazione, la comprensione e l'accettazione di ciò che è diverso da noi, tutte qualità che mal si conciliavano con il "fuoco" della passione e del desiderio. Affermava addirittura che la vera nobiltà e la grandezza umana sono frutto della mediocrità. Disprezzava ogni forma di idolatria consapevole che tutto è relativo, ed era come se cercasse di sminuire ogni grandezza umana: nessuno è perfetto perché tutti hanno vizi e difetti. La persona mediocre non è quella incapace di pensare e riflettere o di prendere in considerazione un'opinione diversa dalla propria, è, invece, quella

131

che consapevolmente ritiene gli uomini quasi tutti uguali o perlomeno molto somiglianti. Rousseau, al contrario si sentiva superiore e disprezzava la mediocrità dell'uomo comune. Montaigne, invece, sapeva bene che l'uomo, oltre all'aspirazione a gioire delle proprie esperienze e dimostrare il proprio talento, è dominato da impulsi distruttivi molto forti a cui non può resistere.

Le guerre civili e l'estremismo religioso causarono alla Francia danni incalcolabili. La terza guerra di religione terminò nel 1570 con la pace di Saint-Germain il cui accordo non accontentò nessuno. La causa di un nuovo scontro fratricida fu il matrimonio, a Parigi, fra la cattolica Margherita di Valois ed il protestante Enrico di Navarra. Alle nozze parteciparono il re Carlo IX°, il Duca di Guisa ed il capo protestante Gaspard de Coligny. Tutto sembrava svolgersi normalmente, quando un fanatico cattolico pensò di sparare un colpo di archibugio a Coligny. L'intento, forse, era di spingere i parigini alla violenza impedendo il matrimonio e uccidendo i capi eretici. Coligny, ferito, venne portato dai suoi seguaci nella propria abitazione. Sembra che sia stato proprio il re Carlo IX°, figlio di Caterina de Medici, a dare l'ordine di sopprimerlo, anche se altri storici ritengono responsabile quest'ultima e il fratello del re, il duca Carlo D'Angiò (futuro Enrico III). Ma Coligny si salvò fortunosamente. Era dunque necessario completare il lavoro lasciato a metà. La mattina del

24 agosto 1573, giorno di S. Bartolomeo, il capo protestante fu ucciso nella sua abitazione, la sua testa staccata dal busto e portata al re che la fece imbalsamare e la spedì al Papa Gregorio XIII°. Era il segnale convenuto. Chiunque professasse la fede protestante, anche se incontrato per caso, fosse pacifico e inerme, o non avesse alcuna voglia di combattere, poteva essere ucciso. Chi si nascondeva in casa veniva scovato, chi dormiva: svegliato, preso con la forza, portato in strada e sgozzato. La Francia era nuovamente in mano ai fanatici e ai sanguinari. Gli eventi erano così gravi che stavano sfuggendo di mano anche a chi, fino a poco prima, aveva incitato alla lotta cruenta. E allora persino anche l'imprudente sovrano Carlo IX° ebbe un ripensamento e, preoccupato per le violenze, ordinò la fine dei disordini e delle devastazioni. Tuttavia le stragi continuarono. Fu un massacro che vide i protestanti come vittime, e poiché avvenne il giorno di S. Bartolomeo diventò famoso con questo nome. Per i cattolici era una vittoria, ma non definitiva. Ovunque c'erano i segni del peccato e, certamente, il maligno tramava contro l'umanità conquistando le anime degli eretici ancor prima della loro dannazione definitiva e mentre gli inverni molto rigidi distruggevano i raccolti causando carestie, fame e morte, in Africa una donna anziana partoriva un bambino con denti di gatto che parlando con voce da adulto affermava di essere Gesù. Per Montaigne queste erano superstizioni sciocche e

ripugnanti. Per fortuna vi erano anche dimostrazioni di intelligenza: alcuni protestanti rinunciarono alle manifestazioni pubbliche della loro fede per non scatenare la reazione dei fanatici, altri smisero di credere, ma una minoranza, inferocita per l'uccisione di Coligny, preferì continuare la lotta anticattolica. Il primo a essere indicato come possibile bersaglio della vendetta calvinista fu il re Carlo IX°, che morendo però per cause naturali non fu necessario uccidere. Il successore fu Enrico III°. Quando salì al trono si formarono due fazioni in lotta tra loro: i sostenitori della monarchia più moderati e gli estremisti cattolici del Duca di Guisa. Molti consideravano Enrico un sovrano inadatto a governare. Montaigne, forse, non aveva stima di lui ma fu sempre al suo fianco: in ogni caso meglio lui che un fanatico come il Duca che lo scrittore disprezzava. Montaigne per la sua moderazione poteva essere annoverato fra i cosiddetti "politiques". In teoria costoro erano al fianco del re come garante di un accordo fra le fazioni e quindi della pace, in realtà consideravano Enrico un sovrano incapace e auspicavano l'avvento di un altro re.

Montaigne, pur essendo cattolico, cercava di mantenere una certa equidistanza, per lui una vita ideale è quella che obbedisce alle regole del buonsenso. No quindi agli estremisti di qualsiasi colore e ai fanatici assassini. Tuttavia egli cercava di sminuire la gravità delle lotte che devastavano la sua epoca, anzi, affermava che da lì a un secolo, in Francia, non ci sarebbero state più guerre né lotte religiose. Sorprendentemente definiva quei tragici avvenimenti persino come "dolci" e "benigni".

Dolci e benigni? Sembra che lo scrittore dei Saggi voglia scherzare invece lo dice seriamente. Indubbiamente questo è il Montaigne peggiore: cinico, sprezzante, indifferente. Ma la lettera che il saggista invia al re Enrico IV ci rivela una sensibilità sorprendente; come si potrebbe giudicare altrimenti la sua commovente implorazione al sovrano affinché questi si adoperi al ritorno della concordia tra le fazioni in lotta? Ecco infatti quello che scrive: "Sire, io vi grido all'orecchio, ciò che voi non amate ascoltare: pace, compassione, clemenza!"

Una fede religiosa e dogmatica è per alcuni troppo violenta e intollerante per essere amata, ed anche se, Montaigne fa capire di rispettare e desiderare la propria pur con le sue ingiustizie e i suoi eccessi, in uno dei saggi sostiene che, nonostante il suo cattolicesimo, se ne provasse il desiderio, potrebbe addirittura abbracciare una fede diversa con lo stesso entusiasmo e la stessa convinzione con cui aveva abbracciato la fede cristiana.

Ma come si può vivere in pace quando si sa che la minaccia dei violenti è appena fuori dall'uscio di casa? Montaigne era preoccupato per la propria vita, per quella dei propri cari, per i suoi beni che potevano essere saccheggiati e distrutti. Ma lui poteva considerarsi fortunato: la guerra lo aveva sfiorato senza travolgerlo e forse la sua vita non fu mai veramente in pericolo anche se le sue proprietà vennero razziate dai soldati e la produzione irrimediabilmente danneggiata. Per fortuna l'apocalisse non avvenne, nonostante le lotte feroci, le stragi (Wassy, San Bartolomeo). Tuttavia, i danni furono spaventosi. Ma anche nei tempi difficili non dobbiamo abbandonare, la speranza né il coraggio necessario per affrontare gli estremismi a testa alta senza cedere alle loro minacce. Stranamente per Montaigne queste non sono qualità eccezionali: non è necessario essere super uomini per conquistare la virtù, anche l'individuo ordinario poteva riuscirci in quei periodi spaventosi.

Il saggista, ad un certo punto, decise di tirarsi fuori dalla mischia. Era deluso dalla politica, dalla gente fanatica che lo circondava, dagli odi dei faziosi incapaci di raggiungere una pace stabile e ragionevole. Da quel momento in poi si sarebbe dedicato solo ai Saggi ed è per questo che qualcuno lo considerò un eroe, un po' strano a dire il vero, se respinse sempre ogni pretesa d'eroismo.

Montaigne al contrario ci insegna come essere "noi stessi" in ogni circostanza. In quel periodo sembrava che la civiltà fosse avviata alla distruzione; ma anche nei momenti più bui non si deve cedere allo sconforto, in fondo col tempo tutto si aggiusta. Per quanto la natura possa essere distruttiva e gli uomini feroci e spietati, tutto ritorna in equilibrio.

Lo scrittore ci offre quindi un decalogo per la conquista della libertà e della serenità interiore:

\- liberarsi da vanità e orgoglio

\- scacciare via dal proprio cuore: paura, speranza, fede e superstizione

\- non restare schiavi di abitudini soffocanti

\- non aspettarsi nulla né da sé stessi, né dagli altri

\- allontanarsi dalla famiglia e dall'ambiente in cui si è prigionieri

\- Combattere con la propria condotta di vita il fanatismo di qualsiasi genere

\- Liberarsi dal destino: siamo noi i suoi padroni!

\- Non avere paura dalla morte, la vita dipende, a volte, anche dal volere altrui; la morte quasi solo dalla nostra volontà

Qualcuno potrebbe accusare Montaigne di un atteggiamento rinunciatario. Scegliendo il "disimpegno" non si favoriscono i dittatori invece di combatterli?

È però vero che Montaigne non aveva alcuna vocazione al "martirio". Schierarsi apertamente con l'uno a l'altro dei contendenti lo avrebbe esposto ai gravi pericoli e forse al rischio della vita e, se la sua professione di fede (il suo cattolicesimo) lo esponeva agli attacchi calvinisti, non lo proteggeva certamente dall'ostilità manifesta del Duca di Guisa e dei suoi seguaci. La sua fede era, in sé, quasi priva di importanza, nulla più di una maschera che Montaigne a volte indossava solo per proteggersi disprezzando tutti i fanatismi (cattolici o protestanti). Egli non si volle più compromettere schierandosi con una fazione o con l'altra, per lui uomo rispettabile, la dolcezza, la tolleranza e soprattutto la rinuncia ad uccidere in nome della propria fede erano molto più importanti di una religione che voleva imporre agli altri la propria verità in modo criminale.

CAPITOLO XII

Scrivere i saggi: la correzione della prima edizione 1570-1580, lo stile – Un lungo viaggio: Svizzera, Germania, Italia – Roma: l'arrivo nella città dei sogni – Solerti funzionari papali – L'incontro con Gregorio XIII- riti religiosi e processioni nella Roma del '500 – L'impiccagione di un assassino – Una città caotica ma ricca d'arte

Tra il 1570 e il 1580 Montaigne continuò a scrivere e a correggere la prima edizione dei Saggi che pubblicò nel 1580. Questa prima edizione differiva notevolmente da quella odierna: essa era costituita da due volumetti che comprendevano, il primo, l'apologia sebondiana e, l'altro, saggi diversi con capitoli strutturati in modo semplice. La prima edizione vendette 500-600 copie e fu esaurita rapidamente. Una nuova edizione fu pubblicata nel 1587 e dopo una revisione ripubblicata a Parigi.

In qualsiasi opera letteraria lo stile è fondamentale: ad esso è affidata quasi tutta la speranza del successo di un'opera. Lo stile dei Saggi, è uno stile barocco che per molti non è il massimo della semplicità e gradevolezza. Ma nonostante ciò I Saggi hanno sempre trovato il gradimento di molti lettori, anche se l'utilizzo delle illusioni ottiche, delle caricature dei punti di vista più particolari, sono una netta e violenta contrapposizione alle regole classiche di sobrietà e armonia nelle proporzioni tipiche del Rinascimento. Lo stesso Montaigne riteneva che i suoi Saggi fossero "grotteschi" e mostruosi, disordinati, senza un legame né proporzione, addirittura casuali. Lo scrittore dimenticava spesso i passaggi logici: essere coerente era l'ultima delle sue preoccupazioni. Ad esempio, il saggio "sulle carrozze" non inizia parlando di carrozze, ci vogliono due pagine perché lui ci "arrivi", poi si distrae e fino alla fine del saggio scrive del nuovo mondo.

Se il decennio 1570-1580 fu quello della composizione dei Saggi, quello successivo, ricco di fama e di gloria, fu il suo e la lunghezza dei Saggi raddoppiò.

In quel decennio l'autore cominciò un lungo viaggio attraverso la Svizzera, la Germania e l'Italia. Il successo letterario lo fece apprezzare ancora di più come politico. La carriera diplomatica rappresentava una possibilità interessante per viaggiare e andare in missione. Poteva, così, visitare le località termali più rinomate per curare il suo mal di reni e per questo fu felice di affidare alla moglie ogni responsabilità per la gestione delle proprietà.

Dapprima, si recò a visitare le località termali francesi senza apprezzabili risultati per la sua salute, poi, nell'estate del 1580 si mise in viaggio. Ritornerà nel novembre 1581. Dopo un incontro con Enrico III°, si diresse verso est e passò il confine tedesco, attraversò le Alpi e la Svizzera e giunse in Italia: la meta finale. Montaigne non poteva viaggiare da solo, la sua dignità nobiliare e la consuetudine lo obbligavano a circondarsi di uomini armati, servi, conoscenti e parassiti di cui si sarebbe volentieri liberato. Viaggiare in quell'epoca era molto pericoloso; solo a duellare si rischiava di più! Capitava spesso di cambiare meta qualora si fosse avuta notizia che un'epidemia di peste si era diffusa nella regione oppure se si fosse venuto a sapere che dei malviventi erano pronti a tendere un agguato. Il gruppo di Montaigne era numeroso e, se questo da un lato poteva scoraggiare i malfattori, dall'altro attirava gli approfittatori che dalla numerosa compagnia speravano in maggiori guadagni. Gli accessi urbani erano molto controllati e per poter entrare era obbligatorio mostrare un lasciapassare valido, un permesso per viaggiare e una documentazione per il proprio bagaglio oltre ad un "certificato" delle autorità che "garantisse" che non si erano attraversati territori colpiti dalla peste. Spostarsi,

oltre che rischioso, era molto stancante. Ci si
spostava a cavallo o in carrozza. Montaigne
preferiva cavalcare, i cavalli li acquistava durante il
tragitto o li affittava secondo le necessità. Nel
viaggiare evitava i programmi troppo rigidi. Se
talvolta, non gradiva cavalcare si fermava e se c'era
cattivo tempo andava da un'altra parte. Il viaggio
lo stimolava piacevolmente a leggere e a scrivere.
Avventurarsi in terre sconosciute era la sua attività
preferita: non voleva rinunciare a nessuna
esperienza, ma evidentemente questo poteva
essere (a volte) un grave difetto. Il suo segretario
gli fece sapere che quel vezzo di cambiare
continuamente tragitto non era gradito alla
compagnia. Montaigne replicò e gli fece notare
amabilmente che non c'era nessun percorso
prefissato e che quindi sarebbe andato dove più
l'avesse gradito; avrebbe evitato soltanto di tornare
indietro per non rivedere gli stessi luoghi e, a
volte, anche le stesse persone. Montaigne era una
persona pigra, ma se fosse riuscito ad
entusiasmarsi sarebbe andato in capo al mondo.
Uno dei suoi difetti "peggiori" era quello di restare
a letto tanto a lungo da "permettere" ai suoi
compagni di fare colazione senza di lui: era un
vizio di cui non riusciva a sbarazzarsi, per il resto
era abbastanza abitudinario.

Si nutriva senza problemi del cibo locale e lo
apprezzava così tanto che al ritorno in Francia lo
avrebbe riassaggiato nuovamente. Tuttavia, ciò

142

che provocò in lui sorpresa e imbarazzo fu il constatare che i francesi all'estero festeggiavano i loro incontri: essi concordavano facilmente nel condannare gli usi "barbari" che andavano a scoprire, però erano abbastanza intelligenti per capire che bisognava rispettarli anche se molto diversi dai propri. In generale, i francesi, erano poco socievoli e raramente concedevano la loro amicizia a gente estranea, preferivano avere rapporti confidenziali solo tra di loro, invece, con gli stranieri si chiudevano in un silenzio ostinato e diffidente. Montaigne, al contrario, era curioso e durante il suo "breve" soggiorno apprese l'italiano molto facilmente e cominciò a conversare e a scrivere in questa lingua. Non conosceva invece il tedesco e questo poteva provocare degli inconvenienti di non poco conto. Prima di giungere in Italia e durante il suo soggiorno in Germania nella città di Augusta lo scrittore cercò di nascondere la sua origine nobiliare senza riuscirci. Giunto nella cittadina tedesca ad un certo punto decise di entrare in una Chiesa. Era attirato più dalla curiosità che dal desiderio di partecipare, come credente, ad un rito religioso, ma la giornata era gelida e prese il raffreddore. Quando tirò il fazzoletto per soffiarsi il naso mise in allarme i presenti che furono costretti a interrompere le loro preghiere per occuparsi di quello sconosciuto. C'era, forse, qualche cattivo odore? O il gentile ospite temeva il contagio di qualche malattia? Ma ciò che colpì ancor di più la loro attenzione fu che quell'individuo bizzarro non vestiva come loro ma in modo estremamente elegante e insolito paragonato ai loro vestiti che assomigliavano a degli stracci usurati e consunti. Tutto ciò non poteva che confermare i loro sospetti. Perché era entrato in chiesa e, che cosa voleva?

I presenti fecero notare a gesti il loro disagio di fronte al suo modo di atteggiarsi, al suo strano modo di gesticolare e di parlare, che però aveva una logica spiegazione: egli conosceva la propria lingua, ma non quella dei fedeli locali: il tedesco, e tutto questo non poteva che confermare i loro sospetti e i loro interrogativi. Montaigne non voleva farsi notare, ma finì col mettersi in mostra suo malgrado.

Lo scrittore dei Saggi non era un grande esperto d'arte: il suo interesse per i grandi artisti era sincero, ma non sembrò produrre molto di più di una banale ammirazione, persino nei Saggi i riferimenti alle arti visive sono molto rari, ciò è sorprendente se pensiamo agli affreschi che abbellivano i muri della sua torre, evidentemente lui di pittura, scultura e architettura ne capiva poco. I lettori romantici rimasero sorpresi dal suo "strano" silenzio sull'arte italiana evidentemente i suoi interessi erano molto più "prosaici".

Nella sua opera, talvolta, ci confida i suoi problemi di salute o ciò che ha incontrato durante il viaggio: il cibo, le locande, le tecniche, gli usi e i costumi dei vari paesi dove aveva soggiornato, affascinato da ciò che aveva visto. Il ritratto che emerge dai "Saggi" e dai taccuini del suo segretario conferma l'ottima opinione che molti lettori avevano (e hanno) sulla sua persona: un uomo ragionevole, modesto, per nulla saccente. Tutto l'opposto dei suoi compatrioti, spesso posseduti dal demone nazionalistico, e della loro pretesa, a volte ingiustificata, di essere superiori a tutti gli altri popoli.

Montaigne giunse in Italia il 28 ottobre 1580. Stranamente, vicino alla meta crescevano i suoi dubbi sull'opportunità di visitarla. Se fosse dipeso da lui, una volta vicino alle Alpi, si sarebbe diretto verso la Polonia o la Grecia. Ma, aveva promesso ai suoi compagni che l'Italia sarebbe stata una delle mete del suo viaggio, e così ora era costretto ad onorare il suo impegno. La prima città ad essere visitata fu Venezia, laguna bellissima. ma per lui stranamente quasi priva di attrattive. Le altre città visitate furono Ferrara (dove incontrò il Tasso purtroppo fatto rinchiudere in manicomio dai Duchi d'Este in condizioni spaventose) poi Bologna e Firenze, altri centri ricchi d'arte ma che lasciarono quasi indifferente lo scrittore. Roma non era lontana, ma lui era così ansioso di andarci e così piacevolmente emozionato che, fatto insolito, si svegliò molto presto e destando i propri compagni si mise in marcia. Era la prima volta che Montaigne e i suoi compagni visitavano la città eterna. Per loro sfortuna il primo incontro fece svanire ogni piacevole sensazione: i solerti funzionari papali che accolsero i nuovi arrivati rovistarono nei bagagli degli ospiti e ogni cosa, anche la più insignificante, attirò la loro attenzione. Ma ciò che più li incuriosì furono i libri che Montaigne portava sempre con sé; questa era la città del Papa, quegli scritti potevano far rischiare loro la prigione o peggio. Ma la cocciuta censura vaticana non poteva accontentarsi di un controllo approssimativo; gli ispettori pontifici continuarono a rovistare finché trovarono un libro pubblicato a Parigi e alcune opere teologiche stampate in Germania che puntigliosamente furono requisite per essere esaminate con maggiore tranquillità. Un'ispezione così minuziosa era un fatto inquietante, una sorpresa e, considerando l'interesse di Montaigne per qualsiasi argomento sarebbe stato facile ritrovarvi delle opere eretiche con tutti i rischi che è facile immaginare. Ma quale opera poteva essere più interessante di quella dell'autore che stavano perquisendo e su cui avevano già messo le mani? Una copia dei Saggi fu prelevata dai bagagli di Montaigne e gli venne restituita quattro mesi dopo, con la viva raccomandazione di sostituire la parola "fortuna", ovunque fosse presente nel testo, con la parola "Provvidenza". Per il resto, il contenuto dell'opera poteva considerarsi "accettabile", cioè non vi era in essa nulla che potesse essere considerato offensivo per la chiesa, in contrasto con il suo insegnamento o pericoloso per la sua integrità. Ovviamente vi erano delle "pecche" a cui si poteva rimediare con le opportune correzioni, ma erano delle cose di poco conto. L'inquisitore, un monaco francese, che aveva evidenziato i passi controversi dell'opera e aveva chiesto addirittura "chiarimenti" all'autore si era mostrato incompetente (questo è quanto ci viene tramandato dalla stessa lettura dei saggi). Lo scrittore voleva forse insinuare che il monaco era addirittura un incapace se non si era accorto dei passi dell'opera in cui Montaigne metteva in dubbio l'autorità della chiesa e si rivelava, invece, più che un uomo appassionato e devoto alla sua religione, un eretico e scettico contestatore o addirittura un miscredente. Il saggista fu molto sollevato nel constatare l'apparente incompetenza del funzionario curiale e così fornì ogni spiegazione al religioso sui passi controversi con piena soddisfazione di quest'ultimo. Conoscendo Montaigne, è molto probabile che se ne sia infischiato delle raccomandazioni del religioso e, come sempre, abbia agito di testa propria. In seguito molti lodarono la sua audacia che aveva "sfidato" il potere clericale, ma la verità è che lui non combatté mai direttamente contro l'istituzione papale e tutto ciò contribuì ancor di più alla cattiva fama della Chiesa. Il saggista la considerava intollerante. Purtroppo, Roma era la città del Papa ma questa non era certamente una colpa o una vergogna, l'Urbe per Montaigne era ugualmente attraente, una capitale in cui tutti sarebbero stati felici di essere cittadini e di viverci.

Lo scrittore, grazie al suo prestigio intellettuale e alla sua abile capacità diplomatica, ottenne il permesso di visitare la Biblioteca Vaticana addirittura in quei settori dove nemmeno all'ambasciatore francese era consentito. Dovette essere una lieta sorpresa per il francese scoprire i manoscritti di Seneca e Plutarco che erano tra gli autori classici quelli da lui più amati. Tra le gradevoli occupazioni del suo soggiorno romano ebbe anche la possibilità di conversare con una prostituta alla quale chiese a quali espedienti, lei e le sue colleghe, ricorressero per attirare i clienti e fu certamente sorpreso di scoprire che queste "lavoratrici" chiedevano molti soldi anche soltanto per consentire ad un cliente di conversare con loro (evidentemente la merce vera e propria aveva un costo proibitivo!). Ma la visita nella città dei suoi sogni non poteva ritenersi conclusa se non recandosi in udienza dal Santo Padre. Il successore di Pietro era all'epoca Gregorio XIII°. Essere ricevuto presso Sua Santità presentava difficoltà di non poco conto; era consentito incontrare l'augusto personaggio ad una sola condizione e seguendo un rituale un po' ridicolo e strano, cioè: si era obbligati a baciare la sua pantofola in segno di devozione, ma quel che più sorprende noi moderni è il fatto che l'ambasciatore francese (compagno di Montaigne in quella occasione) dovette sottoporsi anche lui alla stessa umiliante cerimonia. Davanti ai graditi ospiti fu steso un tappeto rosso per permettere allo scrittore e all'ambasciatore di inginocchiarsi e strisciare in modo più confortevole verso il trono di Pietro. Il ridicolo rituale, come abbiamo evidenziato sopra, si concluse con un bacio devoto degli ospiti sulle venerabili calzature papali che i fedeli consideravano una reliquia da venerare. Senza quella dimostrazione di sottomissione e venerazione l'incontro sarebbe stato ritenuto sacrilego. Tutto ciò non poteva bastare a Sua Santità, perché, ai graditi visitatori non fu consentito di rimettersi subito in piedi. Sarebbe stata, infatti, considerata come una mancanza di rispetto e quasi un gesto sacrilego, alzarsi, girarsi e allontanarsi dal Papa. I "ridicoli" personaggi furono quindi costretti a procedere a ritroso ancora in ginocchio finché Gregorio XIII permise loro di sollevarsi da quella posizione così umiliante e scomoda. Dopo questo cerimoniale inconsueto per degli stranieri che ignoravano le tradizioni della cittadina papale, ma evidentemente molto gradito da Papa Gregorio, l'incontro non poteva ritenersi concluso se non con l'esortazione papale data a Montaigne di mantenersi integro nelle sue convinzioni religiose, fedele alla Chiesa, al suo credo, alla sua autorità e ai suoi princìpi. Ci chiediamo a questo punto il perché della velata allusione di Gregorio XIII verso Montaigne. Essa suona quasi come un minaccioso monito verso di lui: forse il pontefice ebbe l'occasione di leggere (o gli fu riferito dai funzionari papali) quel passo dei Saggi in cui lo scrittore afferma che se ne avesse sentito la necessità avrebbe abbracciato una diversa fede da quella a cui aveva sacrificato una parte della sua esistenza?

Montaigne nonostante tutto ebbe un bel ricordo di questo incontro. Il Papa ci viene descritto come un "bellissimo" uomo di 80 anni, di media altezza, con una lunga barba bianca e una salute di ferro, non si curava dei beni materiali e come tutti gli uomini aveva i suoi difetti. Fu proprio Gregorio XIII che, per ricordare la vittoria cattolica sugli odiati nemici protestanti "culminata" nella strage di S. Bartolomeo, aveva fatto coniare delle monete e aveva commissionato a famosi pittori dei dipinti celebrativi. Ignorare che Roma fosse la città del Papa era alquanto difficile, anche perché Sua Santità faceva di tutto per farsi notare e poiché era anche molto devoto lo si poteva incontrare nelle processioni anche come semplice partecipante o come celebrante durante i riti della settimana santa. I cortei penitenziali, a cui partecipavano migliaia di fedeli, percorrevano le vie della città, tra la folla vi erano persino dei giovani adolescenti la cui età non superava i 12 o 13 anni. In segno di devozione, dirigendosi verso S. Pietro, costoro portavano con sé delle torce e delle funi con cui si fustigavano sanguinosamente. Non erano i soli a tormentarsi in modo indegno, accanto a loro vi erano degli esaltati che, sputando il contenuto di una bottiglia di vino lo riversavano sulle ferite sanguinanti inflittisi in precedenza. Poi, impugnando ancora più saldamente gli strumenti di penitenza induriti dal sangue coagulato si colpivano di nuovo con ferocia. Ma ciò che sorprende noi moderni è scoprire lo stolto accanimento dei flagellanti nel procurarsi nuove sofferenze. Ma anche l'incredibile eccitazione della folla che assisteva al fianco di questi lugubri cortei nel momento in cui quegli uomini avanzavano con fierezza per le strade cittadine quasi indifferenti al proprio dolore. Purtroppo la Roma rinascimentale offriva queste visioni cruente in cui individui magari un giorno prima del tutto normali, padri di famiglia affettuosi verso la moglie e i figli, adolescenti a cui piaceva scherzare e divertirsi, accettavano di partecipare da protagonisti a spettacoli così degradanti esaltati dalla folla in preda al delirio mistico, ma non erano quelle le sole stranezze, perché, durante il percorso di queste processioni alcuni fanatici continuavano a fustigarsi silenziosamente, ma altri, proferivano commenti ad alta voce e correvano, saltavano e ridevano come se lo spettacolo a cui partecipavano fosse diventato molto divertente. Ma le sorprese non erano ancora finite, poiché Montaigne venne a sapere che un gran numero di penitenti venivano pagati da famiglie agiate per espiare al loro posto i peccati con la mortificazione della carne; un modo certo per garantirsi un posto all'inferno.

Durante il suo soggiorno romano il filosofo francese assistette all'esecuzione di un uomo chiamato "Catena", noto ladro e malfattore. L'interesse morboso dello scrittore per le pubbliche esecuzioni lo convinse a rimanere sul posto per assistere all'opera truce del boia. Catena era un criminale al quanto bizzarro, ma anche infido e traditore se si era permesso di proporre, stranamente, a due frati cappuccini la rinuncia alla fede religiosa in cambio della loro vita. I monaci ingenuamente accettarono la bizzarra offerta, ma vennero uccisi ugualmente. Montaigne, rimase colpito da questo episodio non tanto per l'esecuzione (in quell'epoca la condanna a morte nei domini pontifici era una pratica abituale e nessuno si sorprendeva più di tanto) quanto per il problema morale che sorge ogni volta che a qualcuno viene tolta la vita.

Cosa sarebbe accaduto se Catena avesse chiesto pietà dinanzi al boia? L'esecuzione sarebbe stata sospesa oppure il boia avrebbe eseguito il suo incarico indifferente alle suppliche del condannato? Per la richiesta di grazia bisognava rivolgersi al Papa o era sufficiente implorare l'autorità presente sul posto?

Catena non chiese di essere graziato e mentre la corda gli si stringeva al collo soffocandolo egli rimase impassibile e morendo nessuna invocazione uscì dalla sua bocca; indubbiamente un atteggiamento molto coraggioso. Ma ciò che più sorprende ed emoziona fu il vilipendio del corpo del condannato inflitto dal boia forse allo scopo di impressionare la folla che vi assisteva. Tutto ciò che sarebbe accaduto in seguito sarebbe stato un monito minaccioso verso tutti coloro che avessero osato contestare l'autorità della chiesa cattolica e della religione cristiana. Per questo fu necessario infliggere un ultimo sfregio al corpo del condannato che, dopo lo strangolamento, fu fatto a pezzi a colpi spada. Montaigne, che considerava la tortura una condanna peggiore della morte si stupì della calma della folla durante l'esecuzione, ma quando il corpo di Catena cominciò a essere smembrato chi vi assisteva cominciò a rumoreggiare, a urlare, ad agitarsi. Ma quale emozione poteva suscitare un oltraggio a un cadavere che non poteva più provare dolore?! Il filosofo Russell deplorava il comportamento della plebe che assistendo a questi spettacoli e procurandosi dei piaceri a buon mercato cercava di sfuggire alla noia della propria vita. Ma veramente La Roma rinascimentale aveva fra le proprie attrattive questi spettacoli cruenti? Non ci si può credere, certamente non era solo per questo che la maggior parte dei visitatori vi si recava per ammirarla. Chi aveva un interesse per l'età classica la visitava per farsi contagiare dall'atmosfera dei secoli passati, ma la bellezza antica era invisibile perché si trovava nascosta sotto i passi degli stranieri che, come Montaigne, erano ignari delle ricchezze celati sotto il manto dei tempi e coperti da una coltre di fango e detriti. Montaigne lasciò Roma il 19 aprile 1581, aveva vissuto molti momenti emozionanti durante quel soggiorno, evidentemente si sentiva incuriosito da quegli spettacoli insoliti per uno straniero, forse in Francia, nonostante la violenza dei tempi le esecuzioni capitali non si presentavano agli occhi degli spettatori con la crudeltà e brutalità tipiche della Roma Rinascimentale. Nonostante queste scene di sconvolgente orrore egli aveva trascorso nell'Urbe molte ore deliziose e nella libertà quasi assoluta, aveva assaporato la vera gioia. Intanto, mentre si recava a Loreto la sua salute peggiorò: aveva male ai reni, agli occhi e ai denti.

CAPITOLO XIII

Il ritorno in Francia – L'elezione a sindaco di Bordeaux – La missione a Parigi – Il barone di Vaillac: una minaccia per la città di Bordeaux – Un abile diplomatico – Matignon – Montaigne e i critici ottocenteschi: un giudizio difficile

Alle terme di La Villa gli fu consegnata una lettera con cui veniva informato della sua elezione a sindaco di Bordeaux; non era quello che ci voleva, la sua salute era precaria e poi il fatto di essere oggetto di richieste di ogni genere e l'obbligo di dover partecipare a cerimonie e fare discorsi pubblici lo annoiava mortalmente. Avrebbe voluto dire di no, ma come si poteva dire no all'ordine di un sovrano? Decise di rientrare a casa molto lentamente prolungando così il suo piacevole soggiorno in Italia. Ci mise sette mesi per giungere a destinazione, un'enormità anche per quei tempi. All'arrivo cominciò subito a lavorare per il parlamento bordolese, mansione che lo impegnò dal 1581 al 1585. Le autorità gli diedero un ufficio, una guardia del corpo e una divisa. La carica di

Montaigne non era solo onorifica, insieme ai colleghi egli doveva nominare dei funzionari a cui attribuire degli incarichi istituzionali, emanare leggi civiche e giudicare le cause in tribunale, ma solo a lui spettava il compito di fare da tramite tra il re, i giurati e i notabili, ai quali comunicava le sue decisioni. Il suo predecessore, Gontault, aveva provocato malcontento rischiando di scatenare una rivolta. Si trattava di fare meglio di lui governando senza farsi odiare. Il lavoro di Montaigne venne agevolato da una tregua tra cattolici e protestanti durata dal 1580 al 1585. Non era la situazione ideale per governare ma neppure la peggiore. Regnava una pace instabile comunque migliore di una guerra dichiarata. Montaigne non era solo nel mantenere l'ordine, fu affiancato da un certo Goyon. I due non riuscirono a diventare amici, ma si stimavano. Quest'ultimo era abile a mediare e soprattutto era un uomo d'onore. Durante la strage di S. Bartolomeo fu tra i pochi ufficiali che difesero i calvinisti. Era un'ottima persona e forse la migliore che si potesse scegliere in quel momento. Anche Montaigne aveva le medesime qualità del suo collaboratore ma, a differenza di questi, gli mancava l'esperienza e la dedizione alla causa che doveva difendere. Nell'agosto del 1582 Montaigne si recò in missione a Parigi. Era lì per uno scopo ben preciso, cioè la restituzione alla città di Bordeaux di alcuni diritti revocati in seguito alla rivolta scoppiata dopo l'introduzione della tassa sul sale.

Montaigne deve aver lavorato in modo eccellente durante il primo incarico di sindaco perché ottenne un altro il 1° agosto 1583. Non era abituale che un uomo politico lo ottenesse nuovamente ma per lui era un lavoro faticoso e di enorme responsabilità. Non mancò di farlo notare. E siccome c'erano degli ambiziosi che aspiravano a ricoprire quella carica egli dovette lottare contro di loro ma riuscì a farsi eleggere ancora. Intanto egli mediava egregiamente fra gli ufficiali del re ed il protestante Enrico di Navarra la cui influenza nella regione era ormai notevolissima, tuttavia non riusciva ad avere rapporti amichevoli con i leghisti sempre più intransigenti verso di lui e con la segreta ambizione di estrometterlo dal potere per assumere il controllo della città. Ma il pericolo più immediato era rappresentato da un nobile molto ambizioso: il barone Vaillac. Costui cercava di impadronirsi di Bordeaux con un colpo di mano, egli era quasi pronto ad attaccare, ma quando Matignon (il presidente del parlamento) e Montaigne, fiutando il pericolo, lo convocarono d'urgenza dinanzi all'assemblea per negoziare un accordo, lo sequestrarono sbarrando le porte per costringerlo a rinunciare all'assedio della città e, una volta all'interno dell'aula parlamentare cominciarono a dettargli le loro condizioni. Il barone poteva scegliere se ritirarsi insieme alle sue truppe in cambio della vita e della libertà oppure, nel caso avesse cercato di resistere, sarebbe stato catturato, giudicato da un tribunale e molto probabilmente giustiziato. Vaillac era in trappola. Allora scelse la soluzione più ragionevole cioè quella che gli permetteva di salvarsi la vita, ma solo con la rinuncia ad attaccare la città; Così quest'ultimo uscì dal parlamento e lasciò Bordeaux probabilmente tra i sorrisi di soddisfazione di Matignon e Montaigne, ma una volta fuori dalle mura cittadine radunò nuovamente le truppe con intenzioni minacciose. Era un momento di grande tensione e molto pericoloso. Le truppe leghiste stazionarono ancora un po' nei dintorni poi si allontanarono, probabilmente il barone ritenne che la città fosse "troppo" ben difesa per sperare in una facile conquista e allora rinunciò definitivamente ad assediarla e andò via questa volta per sempre. Dopo questo episodio per Montaigne non ci furono che elogi. Qualcuno esaltava la sua "libertà" perché non apparteneva ad alcuna fazione, qualche altro ammirava la sua tranquillità che creando un clima di fiducia favoriva gli accordi. Tuttavia Montaigne non era sempre "dolce" e remissivo, sapeva essere anche duro e deciso: lo dimostrava la sua resistenza alla minaccia rappresentata da Vaillac. Quando Matignon e Montaigne, "negoziando" nell'aula parlamentare, convinsero il barone a ritirarsi, il merito fu di entrambi; a meno che non si voglia sostenere che lo scrittore fosse solo un fedele esecutore degli "ordini" di Matignon. Ma se i suoi rivali consideravano Montaigne troppo docile, per i suoi ammiratori invece era un uomo virtuoso. Malgrado l'opinione pubblica lo criticasse per spronarlo a dare il meglio di sé, nonostante il suo impegno politico, nulla era cambiato: le guerre religiose e le lotte politiche continuavano ad insanguinare la Francia. Ma queste furono critiche ingenerose se pensiamo che altri nelle identiche condizioni ottennero risultati peggiori dei suoi. Egli sinceramente ammetteva che, spesso, non riusciva a raggiungere esiti soddisfacenti. Per fortuna era riuscito a mantenere l'ordine in città per tutto il tempo del suo incarico. Aveva fatto molto meglio di tanti altri politici che si dedicavano all'attività di governo solo per il proprio tornaconto, o soltanto per suscitare ammirazione nel pubblico, sostenendo di possedere delle qualità che invece non avevano. La sua onestà non ammetteva alcuna ipocrisia; altre persone meno oneste di lui furono elogiate soltanto perché ingannavano gli ingenui, fingendo un impegno e un interesse maggiore di quello che in effetti ci mettevano. Montaigne sembrava distaccato, in realtà era molto più serio. A volte stupiva i presenti per la faccia tosta con cui riusciva a scardinare anche le resistenze più ostinate dei suoi interlocutori, più di quanto fossero capaci gli intrighi dei suoi colleghi più spregiudicati. Non abbassava mai lo sguardo davanti ai potenti, anzi, fissava negli occhi chi aveva di fronte dimostrandogli di non avere timore, era sincero e ispirando fiducia negli altri li "costringeva" ad essere altrettanto sinceri con lui. Quando si riunivano i rappresentanti delle fazioni rivali sminuiva l'importanza di ciò che li divideva asserendo che la pace era possibile purché fosse desiderata sinceramente da tutti. Montaigne però aveva le sue regole: mostrare sempre moderazione e non avere rapporti troppo stretti con nessuno. L'amicizia non deve essere il pretesto per chiedervi "tutto". Non favorite eccessivamente qualcuno scontentando troppo la controparte, e soprattutto ricordate la regola aurea: la cosa più importante non è l'accordo "ideale" ma l'accordo possibile. Se, per raggiungere la pace, qualcosa contrasta con i vostri principi sacrificateli volentieri in nome di un interesse superiore, anche se dentro di voi vi vergognate di averlo fatto. Nel giugno del 1585 Bordeaux fu colpita da un'ondata di caldo e da un'epidemia di peste che durò sei mesi e uccise circa 14 mila persone. Proprio in questo periodo scadeva il secondo mandato di Montaigne alla carica di sindaco di Bordeaux. Matignon avrebbe dovuto subentrargli il 1° agosto 1585. Montaigne doveva recarsi nella cittadina bordolese per il passaggio delle consegne. Quando la peste cominciò a diffondersi nella regione egli si trovava ancora in una zona indenne dal contagio. Allora Matignon gli spedì una lettera informandolo che a Bordeaux molti erano rimasti contagiati ed erano morti, altri erano riusciti ad allontanarsi prima di infettarsi e probabilmente si erano salvati. Per Montaigne era una situazione delicata.

Ovviamente la cerimonia di insediamento era una cosa importantissima e nessuno degli interessati poteva sottrarsi all'obbligo di partecipare, ma quella non era una situazione normale bensì eccezionale ed insolitamente pericolosa. Montaigne esitava. Andare a Bordeaux poteva significare ammalarsi e morire, allora spedì una lettera ai magistrati bordolesi chiedendo se dovesse recarsi in città o invece aspettare sul posto i loro ordini. Montaigne, in quell'occasione non mancò di sottolineare che sarebbe stato a disposizione qualunque fosse stata la decisione degli illustri colleghi, era disposto perfino a sacrificare la vita qualora fosse stato necessario, ma molto più intelligentemente, faceva capire che Matignon poteva ormai considerarsi sindaco di Bordeaux e suo legittimo successore. Il passaggio di consegne sarebbe stato dunque " automatico" anche se Montaigne ed altre autorità non avessero presenziato alla cerimonia di insediamento per il timore del contagio e in questo modo nessuno avrebbe rischiato la vita. Non sappiamo se i magistrati rispondendo alla sua missiva intendevano spedire un corriere per avvertirlo delle loro decisioni. Sfortunatamente inviare un emissario da una zona contagiata fino a una zona indenne (luogo ove soggiornava Montaigne) poteva diffondere la peste e infettarlo e allora che senso aveva mettere in pericolo la sua vita, non era meglio seguire i suoi consigli e organizzare la cerimonia di insediamento in sua assenza? A togliere lo scrittore dall'imbarazzo di dover decidere in condizioni drammatiche, contribuì un editto del re che proibiva a chiunque si trovasse nella zona contagiata di spostarsi in territori indenni dal contagio. Montaigne si era comportato molto "saggiamente" e nessuno in quell'epoca osò criticarlo, per ironia della sorte egli subì le critiche dei suoi detrattori ben 270 anni dopo quando, in piena epoca romantica, degli antiquari ottocenteschi rinvennero le sue missive negli archivi di Bordeaux. Fu sottoposto così a un "giudizio storico" in un'epoca assai diversa da quella in cui era vissuto e che aveva prodotto idee molto differenti sul senso del dovere, sull'eroismo e sul sacrificio. Per la più velenosa critica romantica il suo atteggiamento fu quasi spregevole, per molti intellettuali dell'epoca egli si era comportato da vigliacco. Come poteva pretendere di insegnare agli altri come vivere se egli non sapeva farlo nei momenti "supremi"? Ma non tutti concordavano con queste critiche perché Montaigne era la stessa persona che rimase amorevolmente accanto a un amico agonizzante, ammalato di peste, rischiando il contagio e perfino la morte. Sfortunatamente per lui, la morale romantica esaltava il sacrificio in sé senza nessun calcolo di convenienza. Per i romantici Montaigne era doppiamente "odioso", non solo era venuto meno ai suoi doveri d'ufficio evitando di trasferirsi nella zona contagiata, ma aveva pensato al suo tornaconto evitando di infettarsi. Ma ciò che più indignava i critici era la sua imperturbabilità qualsiasi cosa accadesse, la sua "indifferenza" era una forma di sfiducia nella realtà. Un nuovo terribile pericolo si stava avvicinando: il nichilismo. Al volgere del XIX secolo questo pensiero era considerato dai più un nemico della religione oltre che assurdo e senza valore. Accumunato all'ateismo era ancor più spregevole. I nichilisti, "esseri senza onore", combattevano per distruggere ogni convivenza. I pochi che difesero Montaigne sottolinearono invece la sua intelligenza durante l'epidemia: egli si era comportato in modo ammirevole come ognuno avrebbe fatto se fosse stato al suo posto. Nonostante queste critiche ingiuste e l'avversione della Chiesa, Montaigne era ormai famoso nel suo paese e per sua fortuna I Saggi non erano più nell'indice dei libri proibiti. Ma ovviamente la fortuna letteraria di quest'opera richiese una correzione puntigliosa ed efficace che contribuì alla sua diffusione e al suo successo. Ma è inevitabile che la fortuna di un autore famoso attiri su di sé delle critiche velenose, invidia e malafede. Ecco un piccolo campionario di giudizi malevoli espressi, più che sul contenuto dell'opera, direttamente sulla sua persona e sul valore dell'autore; Montaigne era:

-       Un esperto di arti magiche

-       Un pericoloso seduttore

- Un corruttore di anime
- Un ateo senza vergogna

Per Michelet, lo scrittore era stato viziato da un'educazione troppo permissiva, eccessiva per l'epoca romantica che esaltava il sacrificio fino all'eroismo. Per Montaigne invece, "L'uomo è un essere insignificante, i suoi orgogliosi progetti sono quasi del tutto irrilevanti", i suoi traguardi più prestigiosi non hanno quasi alcun valore, ma questo non dimostra agli occhi dei critici romantici, quanto egli fosse nichilista, irresponsabile e privo di forza morale. Egli pretendeva di essere senza doveri, ma quel che è peggio, era ingiusto e non credeva nell'immortalità dell'anima. Un altro problema che "tormentava" i lettori romantici era il linguaggio scurrile dei saggi anche se le parole indecenti pronunciate da Montaigne e altri personaggi occupino una parte molto limitata della sua opera. Montaigne sottolineava maliziosamente come quelle espressioni "volgari" avrebbero fatto sparire i Saggi dalle biblioteche per farli ricomparire nelle case di piacere. Poiché una parte del pubblico (specie femminile) avrebbe provato vergogna a leggere i Saggi nella loro interezza furono messi in commercio delle edizioni "purgate" dei termini più imbarazzanti. Una di queste apparve in Inghilterra nel 1800 a cura di una certa Honoria, il libro intitolato "Essays selected Montaigne with a sketch of the life of the authors".

CAPITOLO XIV

Successione al trono di Francia – Enrico IV°: un sovrano audace e coraggioso, la "conversione" - Battaglie pericolose – L'agguato – Il duca di Guisa, la sfida ad Enrico III° e la vittoria – La vendetta del re – L'assassinio di Enrico III° – Enrico IV° sul trono di Francia – L'editto di Nantes – L'assassinio di Enrico IV°

Uno dei problemi più spinosi durante il regno di Enrico III° fu la successione al trono, il sovrano non aveva discendenti maschi (figli o parenti stretti) che potessero sostituirlo alla sua morte o nel caso in cui fosse stato deposto. La maggior parte dei calvinisti e un certo numero di cattolici appoggiavano Enrico di Navarra, principe del Béarn, ma c'era un ostacolo insormontabile: la fede protestante dell'ambizioso principe. Il suo antagonista principale stava proprio dentro la sua famiglia: era il cardinale Carlo di Borbone, le cui ambizioni avevano il sostegno del capo leghista Enrico di Guisa e dei suoi seguaci. Enrico III° era indeciso. Montaigne e i "politiques" in apparenza erano neutrali, in realtà, le loro preferenze andavano al principe di Navarra. Tutti quelli che lo stimavano gli chiedevano un solo sacrificio: la sua "conversione" al cattolicesimo per sostenere il suo ambizioso progetto ed essere il futuro re di Francia. Egli disse che mai e poi mai si sarebbe convertito ad un'altra fede rinunciando alla propria. Enrico III era sempre più incerto, forse non amava molto il principe di Navarra né lo stimava abbastanza per desiderare che fosse il suo successore, ma non aveva altra scelta: o lui o il cardinale di Borbone. Se fosse stato quest'ultimo ad essere preferito, quella vecchia volpe infida e spregevole del duca di Guisa avrebbe ottenuto il suo scopo e questo, per il re, per Montaigne, per i politiques e per chiunque altro fosse stato solo un po' più ragionevole non era in alcun modo tollerabile. Nuovamente le pressioni verso il principe si fecero insistenti al fine di convincerlo ad accettare la proposta di conversione dei suoi sostenitori, ma egli si mostrava sempre più inflessibile. Ovviamente l'ostinazione di quest'ultimo non poteva che rendere felice le fazioni estremiste protestanti e quelle cattoliche, tra queste ultime in particolare quella del duca di Guisa che stava quasi per ottenere ciò che desiderava. Per costui, il navarrese era l'incarnazione stessa del demonio e per lui mai un "diavolo" nella storia religiosa dell'uomo era stato così avido di potere, ambizioso e spregiudicato quanto il suo avversario. Era necessario ostacolarlo dunque in ogni modo o forse meglio sopprimerlo.

Come si poteva sperare nella pace con tali personaggi politici fanatici e spregiudicati? Lo scontro tra cattolici e calvinisti era inevitabile e neppure la ragionevolezza di Montaigne e di Caterina dei Medici (che si recarono dal principe un'ultima volta per implorarlo alla conversione definitiva in cambio della futura corona di Francia) poté nulla contro la testardaggine del principe. Il Duca di Guisa esultò nuovamente perché forse segretamente egli non desiderava nient'altro che la guerra e la distruzione. Sarebbe stato per lui uno smacco terribile vedere l'ascesa del principe di Navarra al trono francese e la cessazione di ogni ostilità e turbolenza. La guerra dunque divampò e durò fino quasi all'inizio del '600.

Nel luglio 1586 venti mila uomini di un'armata leghista assaltarono Castillon-sur-Dordogne, a soli 8 km dal castello di Montaigne. Sfortunatamente alcune battaglie vennero combattute nelle sue proprietà e dopo la fine delle ostilità alcuni soldati distrussero i suoi raccolti e derubarono i suoi contadini, ma egli poteva ritenersi fortunato: la guerra aveva danneggiato i suoi averi ma aveva risparmiato la sua vita. Montaigne come sempre, non rimase turbato, ma a fine agosto la peste ricomparve e questa volta purtroppo vicino a casa sua. Il dilemma che altre volte aveva affrontato si ripresentò: andar via sfuggendo ai pericoli o restare al rischio della vita? Infine decise, prudentemente, di allontanarsi dalla zona del contagio, disgraziatamente, coloro che potevano accompagnarlo nella "fuga" verso la salvezza erano troppo numerosi. Conoscendo la generosità di Montaigne deve essere stato angosciante per lui dire ad alcuni dei suoi servi, dei suoi contadini che non potevano seguirlo ma dovevano restare lì nel luogo che sarebbe stato la loro tomba. Egli si sentiva responsabile della vita di tutti i suoi sottoposti ma anche dei suoi cari. Ma purtroppo doveva scegliere e mai scelta fu più dolorosa! Decise a favore dei propri familiari, prese qualcuno della servitù e andò via. Montaigne e i suoi accompagnatori vagarono per mesi, guardati con sospetto da coloro ai quali chiedevano ospitalità. Il timore di un contagio era forte quando giunse la notizia che la peste era cessata. Montaigne allora fece rientro allo château che trovò intatto. Non fu così per i vigneti e le sue terre devastate da bande di predoni, ma la cosa più triste, fu per lui constatare che il resto della servitù rimasta era stata colpita dalla peste ed era morta. Fu in questo periodo che il Duca di Guisa, sfruttando una missione diplomatica di Montaigne a Parigi (doveva recapitare al re Enrico III dei messaggi segreti e dei documenti del navarrese), gli tese un agguato. Infatti, dopo aver attraversato la foresta di Villebois, lo scrittore subì un assalto da parte di alcuni banditi armati che lo derubarono dei propri averi e delle proprie carte. Tra queste carte vi era anche il manoscritto per una sua nuova edizione dei saggi, la quarta. Montaigne si era messo in viaggio anche per incontrare il suo editore di fiducia al fine di ottenere una nuova pubblicazione di cui avrebbe curato l'edizione. A tre giorni di distanza dall'azione banditesca, un contadino ritrovò l'opera sotto un cespuglio e gliela restituì. Il manoscritto anche se inzuppato di pioggia era pressoché intatto. Il nome di questo ammirevole e sensibile benefattore era Jean Forest, a lui va la nostra gratitudine postuma. Montaigne fu fortunato anche questa volta uscendone fortunatamente incolume e riuscì a capire che il tranello in cui era caduto non era un agguato a scopo di rapina ma nascondeva invece delle motivazioni politiche e il mandante non poteva essere che il Duca. Ma ciò che suscita il nostro stupore è sapere che il nostro saggista riuscì a far pervenire ai Enrico III quello che il principe di Navarra voleva comunicargli. A chi aveva affidato i documenti segreti se, come pensiamo, i soldati lo sottoposero a una minuziosa perquisizione per impossessarsene? Forse ciò che era segnato sulle carte in possesso di Montaigne conteneva le notizie segrete da recapitare al principe di Navarra e queste probabilmente vennero trascritte su altri fogli o codificati prima dell'agguato e infine consegnate al sovrano da un messaggero rimasto a noi sconosciuto, oppure a quest'ultimo fu affidato l'incarico da parte dello scrittore di riferire a voce direttamente a Enrico III ciò che il Navarrese aveva confidato a Montaigne. In ogni caso Enrico III riuscì a conoscere ciò di cui il principe desiderava metterlo al corrente. Fu un fiasco clamoroso e insopportabile per l'ambizioso duca che tuttavia non si dava pace: non era riuscito a impedire che il principe di Navarra e Enrico III potessero comunicare e non riusciva a perdonarselo. Il duca era un provocatore e voleva dimostrarlo e reagì in modo ancor più rabbioso, così decise di incamminarsi verso Parigi desideroso di conquistare il regno. Entrò nella capitale insieme ai suoi uomini nel maggio 1588 Dovette essere un arrivo trionfale se venne accolto festosamente dalla popolazione parigina e appoggiato da un buon numero di parlamentari. Dopo l'ultima missione fallita (l'agguato ai danni di Montaigne), il clima con cui era stato accolto suonava come un caldo invito ed un incoraggiamento a proseguire nelle sue ambizioni di potere malgrado tutto. Il duca sembrava quasi un esaltato e perso nei suoi sogni di dominio e di gloria se si permise di entrare a Parigi nonostante Enrico III gli avesse proibito di farlo. Il suo era un atto di un'inaudita spregiudicatezza e quasi una dichiarazione di guerra contro il sovrano legittimo. Forse nessuno mai aveva osato tanto fino a quel momento. Evidentemente allo spregiudicato personaggio tutto questo non poteva bastare. Il Guisa era talmente sicuro di sé e così spudorato da credere che tutto gli fosse dovuto. Il suo "piacevole" soggiorno a Parigi aveva bisogno di un degno coronamento ed è qui, nella capitale dei suoi sogni, che ebbe una idea ancora più audace: e se si fosse presentato di fronte al re senza chiedere il suo permesso?

Doveva essere un fatto veramente inconsueto che, all'epoca, un uomo sia pure importante come il duca, avesse questa strana pretesa! Dobbiamo credere che un tale desiderio potesse essere considerato "legittimo" solo dopo lunghe e faticose trattative diplomatiche, ma un tipo così impaziente come il duca certamente non aveva tempo da perdere, allora decise di presentarsi a sorpresa davanti al re Enrico III e, quello che non sembrava potesse accadere invece accadde. Ora il suo rivale era di fronte a lui, e quel che era peggio per l'onore del re, senza essere scortato da guardie armate. Evidentemente il ribelle non temeva affatto per la propria vita. Il duca voleva forse fargli capire di considerarlo come un pauroso, un incapace e indegno sovrano?! E come si può temere un sovrano che vale umanamente così poco?!

Ma quale migliore occasione per impartirgli una lezione? Ucciderlo, indifeso com'era, avrebbe provocato indiscutibilmente un incendio indomabile; farlo prigioniero invece sarebbe stato quasi certamente vantaggioso. Aveva il suo nemico tra le "mani": un fatto davvero straordinario. Ma il sovrano non fece nulla e il Duca andò via "tranquillamente". Papa Sisto V° considerò molto stupido il Guisa a sfidare il re, e questi, un codardo a non approfittarne. Il provocatore se ne era andato proprio quando il re aveva commesso il secondo errore: prima se l'era fatto sfuggire praticamente da "sotto il naso" poi, per rimediare, la notte dell'11 maggio, schierò le sue truppe in tutta Parigi come se volesse scontrarsi con le truppe leghiste. Terrorizzati, una massa di rivoltosi scese per le vie cittadine pronti allo scontro. A questo punto, il re preoccupato per la sua sciocca imprudenza chiese al Duca di calmare i suoi seguaci, ma il Guisa, al contrario, incitò i suoi sostenitori alla violenza. Enrico III era in trappola, aveva sbagliato tutto. Il suo nemico lo aveva sfidato nel cuore stesso del suo regno, ed ora, la corona era costretta ad arrendersi. Ma quel che è peggio era che, ora, Enrico aveva paura perché adesso poteva solamente fuggire verso la salvezza in attesa di vendicarsi. Parigi viveva uno dei suoi peggiori momenti di quel tempo feroce. Una città allo sbando, umiliata, ferita. La battaglia che infuriava tra le truppe del duca ribelle e quelle del re, non ebbe tra i suoi protagonisti Enrico III che codardamente era fuggito via. A scontro concluso si contarono i morti. I caduti per fortuna non furono molto numerosi perché Enrico III aveva lasciato la città in segno di resa e questo forse fu il suo solo merito, evidentemente la sua presenza si sarebbe potuta considerare come una provocazione e una istigazione a ulteriori violenze. Ora Parigi era nelle mani del Duca: quale trionfo entusiasmante! Il Guisa aveva ottenuto tutto ciò che desiderava per potersi gloriare del suo successo mentre il sovrano aveva riparato a Chartres probabilmente per sottrarsi alla violenza leghista. Nonostante lo smacco subìto Enrico III° era ancora il re, ma un re senza regno pur essendo ancora il potere formalmente nelle sue mani. Stranamente, il Duca gli impose come "legittimo" successore il cardinale di Borbone ed egli non poté rifiutare: come poteva farlo se era scappato via in modo codardo? Nel luglio del 1588 Montaigne tornò a Parigi, stava male e rimase a letto per gran parte del proprio tempo. Si trovava lì per incontrare il suo editore. Aveva da poco finito di scrivere l'ultimo volume quando un gruppo di leghisti armati si introdusse in casa e lo sequestrò. Fu portato alla Bastiglia e imprigionato. Montaigne era malato, ed essere privato della libertà fu per lui terribile. Per fortuna Caterina de Medici che in quel periodo si trovava a Parigi riuscì a farlo liberare.

Intanto a Blois, dove Montaigne si era trasferito, era stato organizzato un incontro tra Enrico III° ed il Duca di Guisa. Il sovrano era demoralizzato ma soprattutto furioso e deciso a vendicarsi, i suoi consiglieri gli rammentarono quando il Duca era nelle sue mani e poteva ucciderlo o almeno farlo prigioniero, era umiliante per lui sentirselo ripetere, ma ancora si poteva rimediare. Il Guisa era così tracotante nella fiducia che riponeva nel proprio valore e nel proprio coraggio che, quando il re Enrico III, il 23 dicembre del 1588, lo invitò nella sua camera per un incontro privato, ci andò senza farsi accompagnare dai suoi uomini. Alcuni, considerando sospetto l'invito, consigliarono al Duca di non andarci, ma egli vi si recò ugualmente e appena entrato nella sala regia fu circondato dalle guardie e ucciso. Una mossa avventata da parte di Enrico; la sua sorte era segnata, la prossima volta sarebbe toccato a lui. I leghisti, ovviamente, erano furiosi. Un nuovo corpo rivoluzionario ("il consiglio dei 40") accusò il sovrano di essere un tiranno. L'università della Sorbona chiese al Papa se fosse legittimo sopprimere un re ormai screditato, ma il Papa negò il suo consenso. I leghisti non si scoraggiarono e affermarono che chiunque provasse il desiderio di uccidere l'indegno sovrano era ispirato da Dio e quindi "legittimato" ad agire; ma chiunque, allora, poteva essere vittima della violenza fanatica! Se per il momento non ci si poteva vendicare del re uccidendolo si poteva sfogare la propria rabbia contro chiunque anche contro gli innocenti, e così, una sorta di gioia malvagia ad aggredire, uccidere, violentare, rubare, deturpare si impadronì dei parigini in quel giorno infausto. Il 5 gennaio 1589 morì Caterina de Medici, Enrico rimase ancora più solo, disperato e impotente nonostante avesse fatto uccidere il suo rivale più acerrimo. È in questo periodo che Montaigne si allontanò per sempre dalla politica. Disgustato e senza speranza lasciò Blois all'inizio del 1589. Ma proprio quando sembrava perdere ogni interesse per la politica e l'attività diplomatica Enrico III° ed il principe di Navarra, "eterni" rivali, si accordarono, unirono le loro truppe e si prepararono all'assedio di Parigi contro i leghisti. Questi vedendo gli eserciti alleati che si radunavano fuori le mura capirono che l'occasione propizia era arrivata. Un giovane frate domenicano Jacques Clement, fingendo di portare un messaggio al sovrano da parte dei suoi sostenitori, fu ricevuto da Enrico III°. Davanti al sovrano il frate sfoderò una lama che aveva nascosto sotto la tunica e fu abbastanza svelto ad affondarla nel corpo del re prima di essere ucciso dalle guardie reali. Enrico, colpito all'addome, morì qualche ora dopo per emorragia appena in tempo per nominare il principe di Navarra come suo successore con il nome di Enrico IV, non prima della sua "conversione" al cattolicesimo il cui rifiuto tanti lutti e sventure aveva provocato alla Francia. Il principe davanti a Enrico III ormai moribondo avrà forse pronunciato solennemente il suo giuramento: avrebbe finalmente abbracciato la fede cattolica per il bene della Francia e dei suoi sudditi se questo poteva servire per il ritorno della concordia e della pace. Ma sulla sincerità delle sue intenzioni nessuno avrebbe scommesso un centesimo. Molto probabilmente, invece, la sua era solo ipocrita convenienza. All'inizio alcuni parlamentari rifiutarono di riconoscere l'autorità e la legittimità del nuovo sovrano, ma questi li convinse ad appoggiarlo. Anche Montaigne offrì il suo sostegno al nuovo re, ma la sua salute era pessima e non presenziò all'invito di questi a raggiungerlo a Tours. Enrico IV° era un sovrano "migliore" di Enrico III° questo almeno è il giudizio degli storici: se quest'ultimo era un re pauroso, impacciato, Enrico IV° era invece, coraggioso, risoluto, spregiudicato, anche troppo, per Montaigne. Per costui, il nuovo sovrano cominciava ad alimentare un discutibile e assai pericoloso culto della personalità. Enrico IV° era un re forte, dopo alcuni sovrani deboli e indecisi, ma era troppo volgare nei modi, troppo sudicio e puzzava in modo indicibile. Indubbiamente passare alla storia anche per i suoi odori poco graditi è sorprendente anche per un grande sovrano malgrado bisogna riconoscere che all'epoca farsi un bagno era un evento eccezionale. Montaigne si permise di dare qualche consiglio fraterno a Enrico IV°: era necessario imporre una più ferrea disciplina ai soldati, poco rispettosi e obbedienti e che non raramente si abbandonavano ad eccessi deplorevoli. Anche se le conquiste militari erano essenziali, bisognava agire con cautela manifestando clemenza verso i vinti. La benevolenza è ciò che si ottiene mostrandosi tolleranti e rinunciando, quando necessario, alle minacce e all'uso della forza.

All'inizio del 1595 il principe riuscì a coalizzare i francesi intorno a un progetto comune, una guerra contro la Spagna. Era un astuto diversivo per porre fine alle guerre religiose permettendo alle violenze interconfessionali di sfogarsi su un nemico esterno. Forse in quel momento si ponevano le basi per la futura grandezza della Francia. Mai i francesi si erano mostrati così uniti proprio mentre il paese sembrava correre verso il suo infelice destino di terra tormentata e senza speranza. Enrico era al centro della scena, molti lo adoravano, altri lo avversavano decisamente. Infine un fanatico cattolico lo pugnalò a morte, era il 1610. Enrico IV° è passato alla storia per "l'editto di Nantes" che garantiva libertà di coscienza e una limitata libertà di culto sia ai cattolici sia ai protestanti. Enrico IV° si fece garante del rispetto dell'editto anche minacciando l'uso della forza. Non avrebbe tollerato nessuna divisione settaria e avrebbe condotto al patibolo chiunque, con qualsiasi mezzo avesse istigato alla violenza.

CAPITOLO XV

La fortuna critica dei Saggi –
Montaigne e gli inglesi – Un uomo
contraddittorio – Montaigne e
Shakespeare – Marie de Gournay
"figlia" prediletta e curatrice dei
Saggi – La fine di Montaigne

Nel lungo spazio temporale tra l'inserimento dei
Saggi nell'indice dei libri proibiti e la loro ristampa
ad opera di Costa nel 1724, gli inglesi non smisero
mai di "amare" Montaigne. Il fatto che i Saggi
fossero avversati dalla Chiesa era un motivo in più
per apprezzarli; sapere di essere meno retrivi dei
francesi era una ragione in più per essere
orgogliosi. Gli inglesi apprezzavano il modo in cui
i Saggi erano scritti, ma ancora di più il loro
contenuto. La scelta di Montaigne di privilegiare la
realtà rispetto alle fumose astrazioni, il suo
scetticismo verso la cultura ufficiale, il suo "far
play" lo rendevano ammirevole. Gli inglesi
apprezzavano anche il piacere di Montaigne di
andare "ovunque" e di scoprire ciò che è insolito e
misterioso ma anche la sua preferenza per una vita
oziosa e spensierata.

Se dovessimo credere a quel che si dice, gli inglesi non sarebbero dei grandi estimatori della filosofia perché essa privilegia interrogativi come questi: "Che cos'è l'essere, la verità, il cosmo? - Che cos'è la vita?"

Interrogativi troppo importanti per menti eccelse, ma quasi privi di importanza per la gente comune. Gli inglesi e Montaigne non affronterebbero mai un interrogativo così importante come questo, ma direbbero: "Vivi! E cerca di vivere nel modo migliore cioè nel modo che sia più vantaggioso per te!"

I Saggi trovarono in Inghilterra un terreno fertile per loro diffusione per merito di un ottimo traduttore: si chiamava Florio. Sembra che molto del fascino di quest'opera tradotta in inglese sia dovuto all'"incontro" tra il linguaggio barocco di quest'ultimo e lo stile di Montaigne. Qualche esempio è molto più convincente di un lungo discorso, Montaigne, infatti, scrive: «I nostri tedeschi affogati nel vino» mentre Florio così traduce «quegli ubriaconi di tedeschi quando affogano nei loro bicchieri ubriachi come scimmie».

Il Florio svolse la sua attività letteraria mentre Shakespeare componeva i suoi celebri drammi in Inghilterra. Il famoso letterato e Florio si conoscevano e il genio inglese fu tra i primi a leggere i Saggi tradotti nella propria lingua. Sembra proprio che una sua opera: l'Amleto, ne sia stata influenzata. In effetti il famoso monologo "essere o non essere!" assomiglia tanto a quegli interrogativi dai quali tanto era attratto lo scrittore francese. Montaigne riconosce, nella propria personalità, la doppiezza e la contraddizione di cui è preda ogni uomo proprio come il famoso personaggio shakespeariano.

Parlando di sé egli scrive: "Io sono:

- casto e lussurioso

- timido e insolente

- chiacchierone e taciturno

- bugiardo e sincero

- dotto e ignorante"

Non è forse questa la condizione umana?

Non dobbiamo riconoscere come l'uomo sia spesso incapace di una scelta definitiva, prigioniero di spinte contraddittorie?

Non sapersi decidere, vivere sempre in un'incertezza paralizzante non è forse una condanna per l'uomo?

Montaigne e Shakespeare sono i primi scrittori totalmente moderni perché esprimono poeticamente quel sentimento di smarrimento tipico dell'uomo del nostro tempo che non conosce la "verità" del proprio cuore e la propria meta nella vita.

Nella composizione dei Saggi, come nell'agire quotidiano Montaigne non aveva rimpianti, egli non avrebbe mai detto: "quello che ho scritto è sbagliato e mai avrei voluto scriverlo". Accettava tutto di sé e ovviamente anche la sua imperfezione. Poiché tendeva ad aggiungere più che a togliere la sua opera è diventata troppo voluminosa. I Saggi quindi sono pieni di difetti. Scrivere molte pagine significa avere meno tempo a disposizione per correggere e migliorare la propria composizione, ma egli continuò a scrivere fino alla fine e solo la morte interruppe il suo impegno. L'edizione del 1588 edita da Abel L'Angelier (un editore parigino) era quasi il doppio dell'edizione del 1580. I Saggi del 1588 furono accolti in modo trionfale, ma qualcuno criticava Montaigne: non parlava forse della sua vita con troppa insistenza? E poi, il nuovo testo era zeppo di parole insolite, neologismi, vocaboli dialettali, guasconi e quel che è peggio, secondo alcuni, egli mancava addirittura della padronanza della lingua, un tempo il suo maggiore pregio, temeva anche che l'opera a forza di ingrandirsi mostruosamente potesse sfuggirgli di mano. Le ultime fatiche produssero una copia zeppa di note che, curata da una sua amica, Marie de Gournay, fu la base per tutte le edizioni successive da lei preparate. Marie era figlia di nobili di provincia che abitavano in parte nella capitale ed in parte nel loro castello in Piccardia. Nel 1577 suo padre morì; un duro colpo per lei anche perché senza i suoi guadagni la sua vita diventò più difficile. Ma tutto le cambiò quando, senza volerlo, si trovò tra le mani una copia dei Saggi: fu quasi uno shock. Da quel momento Montaigne diventò per ella un amico, un "padre", un angelo consolatore. Ma se già lo "amava" prima di incontrarlo, era ovvio che volesse stargli vicino. Nel 1588, sapendo che Montaigne era a Parigi ebbe la "sfrontatezza" di fargli sapere che avrebbe gradito una sua visita: una richiesta insolita e sconveniente per una donna in quell'epoca. Anche se sorpreso, Montaigne accettò.

Se la lettura della sua opera era stata molto emozionante come poteva non esserlo l'incontro con la sua persona?

Lei avrebbe "approfittato" della sua presenza per chiedergli di sostituire nel suo cuore l'adorato papà, morto troppo presto. Ma la sua audacia arrivò al punto tale da richiedere allo scrittore di voler essere adottata diventandone la "figlia" spirituale. Montaigne accolse il suo invito, comprendeva il suo dolore e le era vicino con affetto e Marie lo "ricompensò" offrendogli la propria collaborazione per la correzione dei Saggi. Ma non solo, se a lui fosse stato gradito, ella era pronta a rileggere il testo e se necessario a procedere a una profonda revisione. Si sentiva all'altezza qualunque fosse stato il lavoro da svolgere, era ambiziosa e non faceva nulla per nasconderlo. Stranamente Montaigne diede il suo assenso. Ma ciò che maggiormente suscita sorpresa a noi lettori moderni è domandarci come mai una donna sia pure abile, colta e intelligente, come Marie abbia potuto convincere Montaigne ad accettare il suo aiuto. Mettere mano ai Saggi sarebbe stato un compito estremamente difficile: il loro linguaggio complicato, l'enorme numero di pagine avrebbero messo a dura prova le intelligenze più brillanti, correggerle o addirittura rivoltarle come un calzino da cima a fondo, come forse desiderava fare una perfezionista come Marie, era un impegno gravoso. Come pensava di riuscirci se, come crediamo, fino a quel momento lo scrittore si era avvalso di collaboratori altrettanto brillanti della Gournay, ma senz'altro molto più esperti? Invece ci riuscì, conquistando ancor di più l'affetto e l'ammirazione del suo amico. Nella prefazione all'edizione postuma dell'opera, datata 1595, ella si firmò come "figlia" adottiva di Montaigne. Ella non mancò mai di sottolineare la forza del loro legame che, per intensità, superava di gran lunga quello di qualsiasi altro (escluso quello con La Boétie). Purtroppo, dopo quell'anno di stretta collaborazione, dovettero separarsi, ma continuarono a restare in contatto spedendosi delle lettere. Ad un tratto Montaigne non rispose più. Solo in seguito, Marie venne a sapere dall'amico Giusto Lipsio che Montaigne era morto. Per lei fu uno shock cui si aggiunse il dolore per la morte della madre, dalla quale aveva ereditato solo debiti. La Gournay per pagarli fu costretta a dedicarsi alla scrittura. Montaigne era morto, ma anche da morto poteva aiutarla. Marie ispirata da lui scrisse il suo primo romanzo che ebbe un titolo molto significativo: "La passeggiata del Signor Montaigne". L'opera (Le Proumenoir de Monsieur Montaigne) ebbe un grande successo. Ma la fama della scrittrice è indubbiamente legata alla edizione dei Saggi che curata da lei fu completata e stampata definitivamente nel 1595. In questa edizione compare uno strano elogio dedicato a Marie da parte dello stesso Montaigne. Per lui l'amica è una donna virtuosa, intelligente, capace: insomma la sua figlia prediletta ancor più di Leonor. Questo legame però, per intensità e dedizione, non poteva minimamente paragonarsi a quello con La Boétie che rimase sempre come un termine di paragone per chiunque ambisse a sostituirsi a lui nel cuore di Montaigne. Non sappiamo con certezza se l'elogio di Marie fu veramente scritto dal filosofo oppure sia stata una aggiunta maliziosa della stessa Gournay allo scopo di favorire sì la diffusione dei saggi ma anche di esaltare la sua figura come amica e collaboratrice dello scrittore. Questa edizione ha una storia particolarmente avventurosa perché, Secondo Sarah Bakewell, fu una fortunata circostanza quella che permise a Marie di diventare la curatrice dell'opera: la vedova e la figlia di Montaigne trovando casualmente una copia dei Saggi (quella del 1588) gliela inviarono a Parigi per la pubblicazione. Marie considerò invece il dono ricevuto come un incarico per la sua correzione e si mise al lavoro sulla copia ricevuta. Invece, secondo Antoine Compagnon, Marie ricevendo una copia dell'opera avrebbe ricevuto con essa anche l'incarico specifico di curare l'edizione dei Saggi poi pubblicati nel 1595. Altri, come Fausta Garavini e André Tournon, ritengono che Marie avrebbe ricevuto non un esemplare dell'edizione del 1588 annotata da Montaigne (come alcuni critici avevano creduto erroneamente e forse sono propensi a credere ancora oggi) ma quasi certamente una copia poco interessante con delle correzioni apposte ai margini preparata dalla signora Montaigne e da Pierre De Brach: questa edizione appare nel 1595 a cura della Gournay, come peraltro abbiamo sopra evidenziato. Che abbia ricevuto una copia o un'altra è poco importante per noi, lo è invece sapere che Marie, perfezionista com'era continuò a dedicarsi al testo perfino poco prima di darlo alle stampe e anche dopo. Le modifiche furono numerose; voleva che fosse un lavoro impeccabile e quindi non si limitò a mettere insieme i vari pezzi ma promosse l'opera e la difese contro i suoi detrattori (il lettore doveva essere incantato dai Saggi così come lei).

Oltre all'edizione di Marie de Gournay ve ne sono state altre, alcune ottime altre meno. Queste opere, però, non ci forniscono ulteriori conoscenze sulla sua personalità e sui suoi comportamenti. Personalità, spero, ben delineata nelle pagine precedenti. Il magnifico lavoro della Gournay non ebbe la fortuna e il successo che forse avrebbe meritato, poiché un'altra edizione dei saggi (il cd "esemplare di Bordeaux" trovato appunto negli archivi della città aquitana) è stato adottato quasi sempre come testo base per le edizioni successive dei Saggi.

All'inizio del 1592 Montaigne venne colto da terribili dolori. Era il solito attacco di calcoli renali, ma questa volta più preoccupante, il calcolo invece di essere espulso con l'urina probabilmente rimase incastrato nel rene provocando una seria infezione. Lo scrittore ebbe quasi certamente un blocco renale. Il corpo era gonfio ma, quel che era peggio, Montaigne cominciò a manifestare sintomi di soffocamento. Era come se un boia gli avesse messo una corda attorno al collo cominciando a stringere, ebbe poi un ascesso tonsillare (un'infiammazione acuta che la medicina dell'epoca non era in grado di curare). Gli antibiotici erano sconosciuti e nessun altro medicinale era disponibile. Lo scrittore stava per giungere alla fine. Passarono 3 giorni dall'inizio della crisi ed egli restò disteso a letto nella stanza affollata di familiari, amici, servi comprensibilmente preoccupati per la sua sorte. Sembra che Montaigne non apprezzasse queste presenze che rendevano la morte peggiore di quanto non fosse in realtà. Anche i medici stavano al suo capezzale, forse cercavano un rimedio, ma erano impotenti come tutti gli altri. Montaigne non cercò di allontanare la piccola folla dei presenti, ma quando fu evidente che non c'era nessuna speranza di salvezza egli avrebbe dettato le sue ultime volontà. Per alcuni egli si alzò dal letto consegnando piccoli doni ai valletti e ad altri esclusi dai testamenti e con i quali stabiliva chi dovesse essere il beneficiario delle ricchezze rimanenti, secondo altri non era ahimè nelle condizioni fisiche ideali per consegnare direttamente i doni ai legittimi beneficiari perché paralizzato dalla malattia e costretto a letto. Alcune testimonianze concordano sulla solerte presenza della moglie, di parte della servitù e degli amici fino agli ultimi istanti, evidentemente avevano capito che per lui era giunta l'ora dell'addio. Una volta stabilito chi dovesse essere l'erede delle sue fortune venne chiamato un prete che nella stanza celebrò in suo "onore" un ultimo rito. Stando alla testimonianza del suo amico Etienne Pasquier, Montaigne mentre ascoltava il sacerdote si alzò in piedi, le mani giunte per un'ultima preghiera a raccomandare l'anima a Dio, poi, l'ultimo respiro. Morì il 13 settembre 1592. Aveva cinquantanove anni. Il suo corpo riposa nella tomba al museo dell'Aquitania.

CAPITOLO XVI

Montaigne è tutti noi: l'avventura continua – Montaigne personaggio controverso – Considerazioni finali

Spirito irrequieto da vivo è come se Montaigne lo fosse anche da morto, forse nessun altro grande personaggio ha vissuto un'esistenza così controversa. Adorato, esaltato come esempio delle virtù più eccelse da alcuni, oppure disprezzato, perfino ignorato, odiato e considerato un tipo poco raccomandabile e addirittura da evitare da altri. La sua fama è legata ai Saggi, un organismo filosofico ancora vivo ed in continuo movimento che ancora oggi conserva immutata tutta la sua freschezza. Qualcuno potrebbe interrogarsi sulla modernità dei Saggi.

Abbiamo ancora bisogno dell'opera di Montaigne? È ancora attuale?

La nostra epoca super-individualista assomiglia alla personalità di Montaigne nell'esaltare il valore della libertà e dell'autonomia individuale, ma Montaigne era generoso: noi lo siamo altrettanto? Era tollerante, noi lo siamo? Considerava l'amicizia il valore più importante per cui sacrificarsi anche al rischio della vita. Noi faremmo altrettanto se avessimo un amico a cui teniamo? Qual è il giusto comportamento da tenere? Qual è la bussola interiore che deve orientare le nostre scelte verso certe mete piuttosto che altre?

Non è facile rispondere perché ogni epoca ha le sue idee, le sue passioni, le sue preferenze. Oggi non ci sono più verità indiscutibili da imporre con la forza né valori e ideali "supremi" ma che sempre nascondono umanissimi e assai terreni interessi materiali. Si combatte per il denaro, il successo, la gloria, ma i mezzi sono quelli di sempre cioè intrighi, astuzie, violenze. La nostra epoca infame non è né migliore né peggiore di quelle che l'hanno preceduta o la seguiranno. Il passato ci offre un valido insegnamento morale solo raramente, in realtà, molto più spesso può solo corromperci con l'esempio di comportamenti spregevoli. Quasi ogni azione umana è viziata dall'avidità e dall'invidia, nessuna è veramente disinteressata. Non c'è nessuna purezza da difendere né da conquistare; quasi mai possiamo contare sull'aiuto sincero da parte dei nostri simili se non in vista di un futuro guadagno da parte loro.

Montaigne ci dà una lezione: il suo atteggiamento verso gli altri è un misto di pessimismo, realismo, tolleranza, solo così ci è possibile conquistare la pace del cuore, la libertà, la felicità. Contiamo solo su noi stessi senza fare troppo affidamento sull'aiuto degli altri, siamo tolleranti (se ci è possibile) perché tutti abbiamo vizi e imperfezioni. Montaigne, se qualcuno non pagava il suo debito o tradiva, rubava, uccideva, quasi mai si indignava, si sorprendeva o si turbava (forse questo era il suo grave difetto). Conosceva fin troppo bene l'uomo e la sua mancanza di onore e dignità: non si può cambiare la natura umana senza fargli violenza.

Combattere i nostri simili con le loro stesse armi non significa forse diventare come loro?

Tutto ciò che facciamo, lo facciamo per noi stessi, per gratificare il nostro piccolo "io" che per noi è la cosa più preziosa al mondo, Montaigne lo ribadì sempre pacatamente, ma in modo deciso: abbiamo solo questa vita e dobbiamo sforzarci di amarla e viverla fino in fondo.

Com'era dolce averlo per amico, ascoltare incantati la sua amabile conversazione! Accanto a lui si respirava il profumo della libertà! Davanti a me, su una copia dei Saggi c'è il suo ritratto, i suoi occhi fissano i miei con un'espressione sorridente, è come uno sguardo d'amore che si posa su di me....

Ci ha insegnato molto ed è anche per questo che gli vogliamo bene!

RINGRAZIAMENTI

Sono immensamente grato agli autori che citerò qui di seguito, senza le loro opere, e quindi senza il loro "aiuto" di certo non avrei potuto scrivere il mio saggio. La mia riconoscenza va a:

- Fausta Garavini e André Tournon "Michel de Montaigne: I saggi", collana diretta da Nuccio Ordine (professore di letteratura italiana presso l'Università della Calabria) editore Bompiani anno 2012/II ed.2015

- Jean Jacques Rousseau: "L'Emilio", "Le confessioni"- edito da Meridiani Mondadori collana "I Classici del pensiero" anno 2009 lic. Mondadori

- Giovanni Macchia "La letteratura francese dal medioevo al settecento" in particolare il saggio "Montaigne Maestro del dubbio" e altra sua opera dal titolo "Ritratti, personaggi e fantasmi" in particolare il saggio "La libreria di Montaigne"- editi entrambi da Meridiani Mondadori 1987

- Giuseppe Tommasi di Lampedusa "Opere" in particolare il saggio "Montaigne" edito da Mondadori 1995

-Saul Frampton "Il gatto di Montaigne" editore Guanda anno 2012

- Antoine Compagnon "Un'estate con Montaigne" Adelphi editore 2014

- Micromega n.4 del 2011 (rivista e pubblicazione trimestrale) articolo a firma di Mark Lilla "Montaigne: L'anti-Agostino"

-Jean Orieux "Caterina dei Medici" edizioni Il Club ed.1987

-André Castelot "Regina Margot" fabbri editore

-Sofocle "le tragedie" edizioni Meridiani Mondadori collana "i classici"

-Plutarco "La vita Felice" a cura di Carlo Carena, edizione Einaudi collana "Nuova universale"

-Vilma Baricalla "Natura e cultura occidentale" edizioni Alberto Perdisa editore 2002

-V.L. Saulnier "Storia della letteratura francese" (1961-1962) edizioni C.d.e. 1991

-Blaise Pascal "I pensieri", "Le Provinciali" - edizioni Meridiani Mondadori collana "i classici del pensiero" 2008

Un particolare ringraziamento va a Sarah Bakewell, il cui bellissimo saggio dal titolo "Montaigne: l'Arte di Vivere" Editore Fazi: è stato per me una miniera di fatti, aneddoti, curiosità e da esso ho tratto le informazioni che riguardano Montaigne, i suoi amici, i suoi familiari e tutti gli altri personaggi storici e letterari che hanno animato la sua epoca.